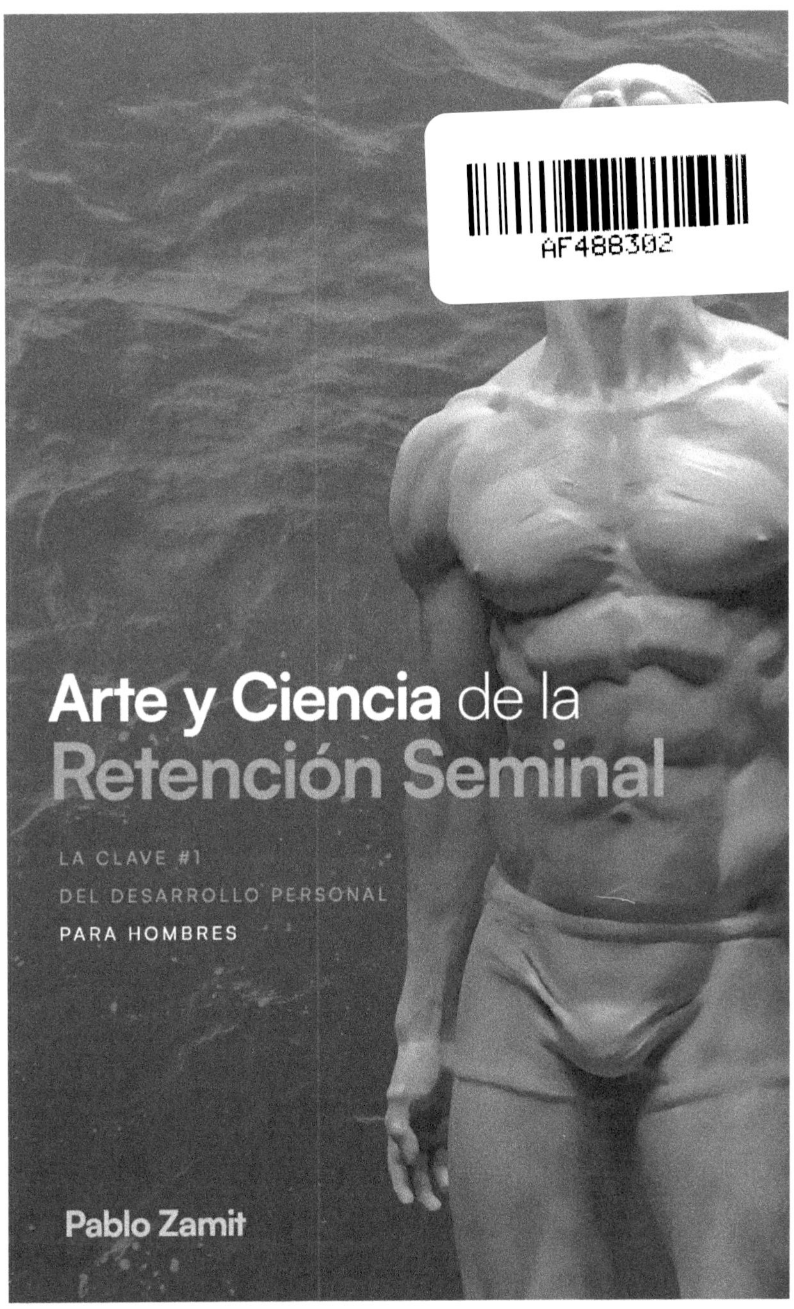

NOTA:

Esta versión del libro 'Arte y ciencia de la retención seminal' está basada en el cuaderno de trabajo de un reto celebrado en septiembre de 2022.

A la espera de la 2ª edición revisada, en formato papel y/o electrónico, se realizarán las siguientes mejoras:

·Mejoras en el sistema de citas y bibliografía
·Reestructuración de capítulos y apartados
·Sección de dudas comunes
·Más testimonios

Asimismo, serán añadidos capítulos adicionales.

Si has adquirido la versión electrónica del libro, tu documento se actualizará automáticamente con cada nueva edición.

Si has adquirido la versión en papel, me comprometo a enviarte una copia digital de la nueva versión, o un descuento total en caso de que decidas volver a adquirir la copia física. Solo tienes que escribirme a 'zamitpablo@gmail.com'.

Para cualquier enmienda, sugerencia o duda, puedes escribirme también a esa dirección. No esperes respuesta: para consultas, tendrás cómo contactar conmigo al final del libro.

Un saludo,
Pablo Zamit

1. INTRODUCCIÓN

1.1 LA CLAVE DEL DESARROLLO PERSONAL PARA HOMBRES

You and your friends have tried all of the above, you say?

(David Hawkins)

Meditación, duchas frías, acupuntura, yoga, gimnasio, filosofía estoica, visualización...

Eres un hombre, y no le importas a nadie.

Puede que ya te hayas dado cuenta.

Nadie va a venir a entregarte la vida con la que sueñas.

Sé que a veces tienes miedo y anhelas volver a tiempos más fáciles. Pero también sé que en ti hay un impulso por mejorar.

Tú y yo estamos forjados por las mismas hormonas. Las que nos llaman a transformar nuestro entorno, transformar el mundo. Luchar por lo que creemos, defendernos de la tiranía.

A veces todo lo que hacemos es por una chica; pero la experiencia te enseña a hacerlo por ti mismo.

A mí me ocurrió más o menos a los 25 años. Me di cuenta de que mi vida tenía muchas más posibilidades.

De repente, descubrí (casi a la vez) el mundo del emprendimiento, la seducción y el ejercicio.

Puedo ganar más dinero, conocer a más mujeres, mejorar mi físico...

Me di cuenta de que, para tener mejores resultados, yo debía mejorar primero.

Ahí cmpezó el camino.

Y muy pronto, con fortuna, descubrí un gran secreto:

Si un hombre está constantemente desperdiciando su energía sexual, su potencial de mejora se estanca.

Ya, ya sé que te dijeron que la masturbación es buena, que no eyacular es malo…

Presta un poco de atención y pregúntate… ¿quién te dijo eso? ¿basándose en qué?

Los escépticos reclamarán innumerables estudios científicos antes de siquiera leer la primera página de este libro. Por cierto, tendrás estudios de sobra.

Lo que tú debes preguntarte es: ¿cuántos estudios leíste para empezar a masturbarte y ver porno?

No fue una decisión consciente y sopesada; fue fruto de la falta de conocimiento y desarrollo.

Eras poco más que un niño, alguien te lo enseñó o lo descubriste por accidente. En mis 5 años analizando casos reales he comprobado que suele ocurrir así.

Y, por cierto, como sociedad deberíamos plantearnos qué

estamos haciendo cuando, con total impunidad, dejamos que la industria pornográfica capte a nuestros niños cuando más débiles son… y los convierta en adictos de por vida.

De adultos continuamos con el mismo hábito. En lugar de honrar nuestra energía sexual, aquella que nos conecta con todos nuestros antepasados hasta el origen de la vida, nos deshacemos de ella como si fuera un estorbo.

Y si perdemos el deseo por nuestra pareja o aparece alguna disfunción sexual, si andamos constantemente desmotivados, no sabemos sumar 2 y 2…

"Pero… a mí me dijeron que era bueno…".

La narrativa que los hombres, más jóvenes o más maduros, hemos absorbido desde las instituciones educativas estatales y los medios de comunicación es la siguiente:

Todo el mundo estaba equivocado hasta hace unos pocos años, y ahora sabemos la verdad.

Es decir: 99% de la humanidad a lo largo del 99% de la historia estaba en el error. ¿Hay mayor soberbia? Es decir, el 99% de la humanidad a lo largo del 99% de la historia estaba en el error. ¿Hay mayor soberbia?

Aplica esto a lo que se te ocurra. En general es así: unas instituciones reaccionarias extendieron el miedo y la condena a la masturbación desde sus preceptos dogmáticos.

Esas instituciones son antiguas, y lo antiguo es malo.

Y por lo tanto la verdad debe ser exactamente lo contrario a lo que dijeran ellos. Y por lo tanto, la verdad debe ser exactamente lo contrario a lo que dijeron ellos.

Esta 'ley del péndulo' es la más estúpida que puedes seguir.

"Como alguien no me gusta, o se equivoca en un asunto en concreto, voy a creer lo contrario a ellos, y que están equivocados en todo".

Esto es pura rebeldía adolescente sin sentido, y deja de tener gracia cuando cumples 15 años.

En su lugar te voy a pedir que uses tu mente, la abras y aceptes este trato: En su lugar, te voy a pedir que uses tu mente, que la abras, y que lo aceptes este trato:

Es un trato muy conveniente para ti porque yo voy a intentar darte lo máximo posible, y a cambio solo te pido que no te creas nada de lo que vas a leer, que lo experimentes, y por supuesto que llegues al final del libro. Es un trato muy conveniente para ti, porque voy a intentar darte lo máximo posible, y a cambio solo te pido que no te creas en nada de lo que vas a leer, que lo experimentes, y por supuesto de que llegues al final del libro.

Voy a compartirte las más grandes lecciones aprendidas tras más de cinco años de práctica de la retención seminal y el sexo sin eyaculación. Voy a compartir las lecciones más interesantes, en el que he aprendido durante más de cinco años de la práctica de la retención seminal, y el sexo sin eyaculación.

Voy a revelarte todos los sistemas y consejos que me han permitido ayudar a miles de personas con mis formaciones y a muchos otros clientes en sesiones individuales Voy a revelarte todos los sistemas, y todos los consejos que me han permitido ayudar a miles de personas con mis formaciones y a muchos otros clientes en sesiones individuales

Voy a mostrarte muchos estudios científicos que probablemente no conozcas, porque ni siquiera el sexólogo de turno que se dedica a repetir tópicos en Instagram ha consultado estos estudios. Voy a mostrarte muchos estudios científicos en el que probablemente no lo conozcas, porque ni siquiera el sexólogo de turno que se dedica a repetir tópicos en Instagram ha consultado en estos estudios.

¿Trato?

Abróchate el cinturón.

1.2 ¿QUÉ ES ESTE LIBRO?

Este libro contiene todo lo que debes saber sobre la retención seminal y cómo te están afectado la pornografía y la masturbación. En este libro contiene todo lo que debes saber sobre la retención seminal y de cómo te está afectando la pornografía y la masturbación.

Está dividido en tres partes, además de esta introducción, donde vas a aprender:

-Qué beneficios puedes obtener de dejar la pornografía y la masturbación

-Cómo tener sexo sin eyacular y seguir cultivando tu energía

-Cómo este conjunto de ideas se ha convertido en un movimiento mundial de hombres

-Cuántos estudios científicos confirman lo que tantos hombres hemos experimentado

-Por qué nos enganchan tanto la pornografía y la masturbación (y cómo cambiarlo)

-Cómo sexólogos y demás nos han engañado con nuestra educación sexual

-Cuáles son los errores más comunes a la hora de practicar la retención seminal

Si tienes curiosidad por alguna sección en concreto, siéntete libre de navegar por los distintos capítulos según quieras.

No obstante, recomiendo siempre volver a una lectura lineal para que puedas aprovechar el contenido al 100%.

1.3 LA ENERGÍA SEXUAL MASCULINA

¿Qué es ser un hombre? ¿Qué es la masculinidad?

Un libro que habla de energía sexual masculina debería ser capaz de definirlo.

Pero este es un concepto esquivo. Quizás cada hombre tiene su propia forma de ser hombre…

La (polémica) tesis que voy a defender aquí es que los rasgos típicamente masculinos pueden explicarse por la diferencia biológica entre los sexos.

Y estas diferencias, esencialmente, se reducen a nuestras células sexuales características y nuestro papel reproductivo.

Si analizamos el número de células sexuales producidas por hombres y mujeres a lo largo de sus vidas, un óvulo es mucho más valioso que un espermatozoide.

Eso implica que el hombre es mucho más prescindible, puesto que uno solo de nosotros podría asegurar la descendencia de una comunidad entera.

Además, durante los meses de gestación, una mujer no es fértil, y llegando a cierta edad dejará de serlo, al contrario que un hombre. Muchos mamíferos se aparean una sola vez y tienen varias crías; la concepción entre seres humanos es, comparativamente, mucho más difícil.

Si estás familiarizado con la curva de la oferta y la demanda, te darás cuenta de que, en términos estrictamente reproductivos, el valor de una mujer es muy superior.

Pero todavía hay más: los hombres no sabemos cuándo nuestras parejas son fértiles (en muchos casos ellas tampoco). Es muy común en el reino animal tener una época de celo, y de hecho es así en la mayoría de primates. Solo en el ser humano existe esta 'ovulación secreta'.

Esto exige que los hombres, si queremos asegurar nuestra

descendencia, dediquemos un enorme capital biológico a descifrar qué quieren las mujeres… y quizás también, dado el estado de absoluta precariedad en que nace la cría humana, creemos consecuentemente un vínculo emocional muy fuerte (al menos hasta que otros programas biológicos se activen).

Porque, para más inri, ¡la hembra humana puede rechazarte! No importa que esté ovulando o si tiene alternativa a ti o no… Al contrario que otros animales, no está sujeta al imperativo biológico de la época de celo.

En cualquier caso, todo esto no hace sino contribuir a la enorme desigualdad, en términos reproductivos, del hombre y la mujer.

Así que nuestra anatomía, nuestras hormonas y nuestro comportamiento reflejan estas diferencias. Y de ahí se derivan cualidades que vemos como típicamente masculinas, o que esperamos que distingan a un niño de un hombre.

Siguiendo con el razonamiento, cuando un hombre alcanza la edad fértil, recibe un cóctel de hormonas que no solamente le harán apto para tener descendencia, sino que le motivarán fuertemente a buscarla.

Y no estamos hablando solamente de testosterona, hablamos de un abanico enorme de hormonas. De hecho, el aparato reproductor es, analizado en detenimiento, una compleja fábrica de hormonas.

Por ejemplo, la próstata convierte parte de la testosterona circulante en DHT, un andrógeno bastante más potente en varios sentidos, responsable del crecimiento del pene y el vello facial en la pubertad.

Estas hormonas alterarán nuestro comportamiento, con la reproducción como fin principal. A la naturaleza no le importa el desarrollo personal ni nada de eso. Tiene una misión mucho más básica.

Y esas hormonas están diseñadas para proporcionarte cuanto necesites en tu búsqueda de la reproducción. Si tu cuerpo detecta la señal de 'misión cumplida', tu forma de percibir el mundo y moverte en él cambiará totalmente.

Por ejemplo…

Las mujeres se quejan de muchas cosas. Y eso es bueno, aunque en este libro no hay lugar para explicar por qué.

Y una de las reclamaciones que más comúnmente se nos hace es la de querer dormirnos apenas hemos terminado de tener sexo.

Antes de conocer el mundo del desarrollo personal yo únicamente practicaba un deporte, que era el fútbol sala.

Todos los sábados después de comer, a la hora más intempestiva, en la que corríamos el riesgo de morir por insolación, peregrinábamos hasta las canchas municipales.

(Íbamos a esa hora, por cierto, para asegurarnos de que estuviese vacío: competencia con otros machos).

Y en cuanto éramos diez, los dos últimos en llegar elegían por turnos quién iba a formar parte de su equipo.

Recuerdo que uno de esos días tuve que elegir yo y tenía la opción de elegir primero. Así que pude elegir al mejor jugador de todos, Mario.

Y cuando se habían decidido los equipos y nos separamos cada uno a nuestro campo, Mario vino hablar conmigo y me dijo:

-No prometo nada, eh...

Resulta que acababa de tener sexo con su novia y había venido directamente al partido...

-Tengo las piernas como flanes...

Esto es algo que intuitivamente sabe cualquier hombre: hay algo que se pierde al eyacular que nos aleja de nuestro máximo nivel de enfoque y energía.

Cuando analicemos exhaustivamente lo que ocurre en tu cuerpo al eyacular, lo vas a entender perfectamente... Será en la tercera parte del libro, dedicada a la ciencia.

Pero incluso sin ese conocimiento científico, siempre ha sido algo de sentido común, y tradicionalmente en el mundo del deporte ha sido normal aplicarlo.

Hay innumerables ejemplos de esto. El mismo Mike Tyson ha hablado de este tema varias veces, la última, que yo sepa, en el podcast de Joe Rogan.

El famoso ex culturista Ronnie Coleman lo dijo abiertamente en la televisión.

Y recientemente el futbolista español Marc Bartra sugirió

que también toma precauciones en este sentido antes de los partidos.

Y no solo muchos deportistas tienen esta costumbre. Músicos, escritores, emprendedores (como Elon Musk), inventores… La lista de personajes históricos que se han beneficiado de la retención seminal para lograr grandes cosas es interminable, y tan fácilmente accesible que ni siquiera he creído necesario incluir algo así en el libro.

En resumidas cuentas, la biología masculina nos anima, a través de una serie de señalizadores químicos, a comportarnos de cierta forma. Esta farmacología ha sido diseñada y corregida a lo largo de millones de años para garantizar las máximas probabilidades de éxito reproductivo.

Pero, igual que las mujeres, nosotros también podemos decir no. No solo a ellas, sino a la biología.

Podemos decir: "Sí, todas estas mujeres son muy atractivas, pero déjame que emplee esta energía en el gimnasio…".

Aquí sustituye 'gimnasio' por lo que quieras: por tu negocio, por tu familia, por mujeres aún más atractivas, por tu libro, tu carrera académica…

Las hormonas con que la naturaleza te está sobornando no solamente tienen efectos sobre tu cuerpo, sino también sobre tu cerebro y, por tanto, tu personalidad.

La energía masculina, cuando se cultiva, confiere a los hombres una serie de rasgos y cualidades que son extremadamente ventajosos. Una vez eyaculas, ya no hay motivo para poner a tu disposición un arsenal tan potente.

Así que, ahora, preguntémonos:

¿Qué rasgos son estos? ¿Qué necesita un hombre para dar un paso adelante y triunfar en las condiciones que hemos definido?

No pretendo ser un enciclopedista de la masculinidad. Hay muchas definiciones válidas, muchos rasgos asociados.

Pero te presento los siguientes rasgos masculinos simplemente porque se deducen de todo el razonamiento que hemos seguido hasta ahora.

Por cierto, mientras lees sobre estas cualidades masculinas, reflexiona sobre el papel que tienen en tu vida. Si estimas que te falta alguna, visualiza una versión de ti mismo con esa cualidad maximizada.

Siéntelo de verdad, tómate tu tiempo.

Aquí van:

NOTA: Esto no es una propuesta sociológica. Esto es una especulación acerca de qué rasgos de personalidad y qué valores serían los apropiados según la visión biológica que hemos presentado en este capítulo.

Liderazgo

Al contrario que en tantas otras especies, la hembra humana no te dará señales de ovulación, ya que en muchos casos esta pasa desapercibida para ella. Tampoco cuentes con que muestre su interés de forma obvia.

Por lo tanto, dada la diferencia de valor reproductivo entre tú y ella, la iniciativa corre de tu cuenta. Debes liderar en esta y en otras áreas.

Ser un líder significa, a veces, hacerte merecedor de las grandes recompensas, pero también estar expuesto, arriesgar tu vida y tu integridad para hacer prosperar a tu grupo.

Para ello, debes tener poca aversión al riesgo y al peligro (por eso la gran mayoría de vídeos de personas tirándose por barrancos o haciendo bromas a desconocidos están protagonizados por hombres).

Confianza y valentía

Por tanto, el siguiente rasgo es la valentía: actuar a pesar del miedo, a pesar del riesgo. Cuando esto se interioriza, se traduce en confianza.

Si crees que algo no es posible, si no lo ves claro, no vas a dar tu cien por cien. La confianza crea una especie de profecía autocumplida que multiplica tus probabilidades de éxito.

Piensa que prácticamente ningún depredador ataca a animales de mayor tamaño al suyo. Nosotros pasamos de presa a depredador en muy poco tiempo, y nos jugábamos el tipo contra animales mucho más grandes.

La confianza es una especie de historial favorable que otras personas pueden detectar en tu forma de comportarte. Así, pueden mostrarse favorables a ti sin conocerte, o decidir no enfrentarse a ti, basándose en detalles casi imperceptibles de tu voz, postura, contacto visual, etc.

Es más probable para los animales con más testosterona enfrentarse a los peligros y obstáculos en lugar de huir.

<u>Sesgo de acción</u>

Este quizás sea el rasgo más imprescindible.

El número de hombres que compite contigo es inimaginable (sobre todo hoy en día cuando, gracias a las redes sociales, compites contra todo el mundo).

¿Sabes quién está en el fondo de la clasificación, con el mínimo número de probabilidades? Los que no toman acción.

Estos hombres con rasgos neuróticos miran la vida desde la barrera, analizando constantemente, sin que eso se traduzca en acción.

Este sesgo te empuja a tomar acción rápidamente. Incluso cuando una situación tiene muchas variables y es necesario reflexionar y deliberar, pone un límite sano a la elucubración.

O actúas o ya estás muerto.

Poder

El poder, en este caso, es una cuestión de recursos.

Esos recursos pueden ser tus alianzas, tus medios económicos, pero también tus habilidades, conocimientos e incluso tu capacidad para vencer físicamente a tus oponentes.

La caza, en la historia de nuestra especie, y al contrario que en tantas otras, ha sido una actividad casi exclusivamente masculina. Y alrededor del mundo, en las sociedades de cazadores que hemos podido estudiar, existe una regla: el cazador exitoso come el último, o no come. Entrega los recursos a la comunidad (especialmente a hembras fértiles) a cambio de poder.

Ambición e inconformismo

En cualquier entorno con competencia extraordinaria, aspirar a la mediocridad es una estrategia suicida.

Incluso aunque varios espermatozoides consigan, después del viaje infernal, llegar al óvulo, normalmente solo uno logrará fecundarlo.

La biología masculina implanta en los hombres, si consiguen la claridad suficiente como para escucharlas, ideas ambiciosas que tienen que ver con sus pasiones, talentos y circunstancias.

Como en el viaje del héroe, lanzarte a este camino forjará en ti las cualidades necesarias para convertirte en tu mejor versión.

Aventura

El aparente dominio sobre la naturaleza que tenemos los humanos hoy en día es muy reciente. Nuestra programación biológica no cuenta con él.

En los tiempos en que se estableció la naturaleza humana, abrazar la aventura y la novedad era imprescindible.

Fenómenos naturales imprevisibles podían dejarte sin refugio, un enemigo podía desplazarte…

Por no hablar de que, si no tenías estatus suficiente en tu tierra, solo debías encontrar un territorio libre y asentarte.

Antes he mencionado que los animales con más testosterona

suelen elegir el enfrentamiento en lugar de la huida; también sabemos que, a mayores niveles de testosterona, más cómodo estará el animal alejándose de un territorio en el que esté asentado.

Templanza, perseverancia y tolerancia al estrés

La vida está llena de peligros. Algunos son reales, y la otra gran mayoría no.

Tratar de escalar la pendiente que la biología te pone por delante no es tarea agradable. Si te vas a dejar perturbar por todos los obstáculos que van a surgir en tu camino, perderás tu enfoque en la meta.

El frío, la falta de sueño, las distracciones, la mala suerte, los enemigos, el ruido… ¿Qué te saca de tus casillas? Hay hombres que pierden la paciencia con más facilidad que otros. Te imaginarás quiénes tienen ventaja.

Deseo y pasión

El deseo y la pasión son la gasolina de los hombres. ¿Por qué, si no, íbamos a meternos en tantos problemas?

Si no desarrollásemos un fuerte deseo sexual, nos habríamos extinguido. Pero todos tus antepasados lograron tener al menos un hijo.

Con la enorme producción diaria de células sexuales que caracteriza a tu biología, tu deseo a veces puede nublarte, pero para la naturaleza es más conveniente el exceso que la carencia.

Esta pasión se extiende a todas las áreas de tu vida. No puedes hacer las cosas a medias ni permitirte ser apático.

***

Estos son los rasgos que la naturaleza considera imprimir en los hombres para facilitar su misión biológica.

Pueden parecerte más o menos deseables, más o menos útiles hoy en día, pero corren por nuestras venas… a no ser que nos autosaboteemos.

Al margen de fuerzas políticas, sociales o tecnológicas, la fuente principal de sabotaje proviene de nosotros mismos, y es la inconsciencia sexual.

1.4 CONSCIENCIA SEXUAL MASCULINA

Todo el mundo está familiarizado con lo que pudiéramos llamar *consciencia sexual femenina*.

Según nos han contado, hubo una época oscura (inserte aquí su periodo histórico más odiado) en que las mujeres únicamente cumplían un papel reproductivo. Desconocían su propia anatomía y las modalidades de su placer.

Hasta que llegaron los años 60 y, poco a poco, la sexualidad femenina fue despertando. Los sexólogos se peleaban para establecer cuántos tipos de orgasmos podían tener las mujeres. Y los hombres de entonces (dice la historia) se rompieron la cabeza localizando el clítoris, el punto G, y aprendiendo a dar sexo oral.

Escribo este libro en 2022. Para nosotros los hombres no ha habido ninguna toma de consciencia sexual: aunque está sobradamente documentado, pocos hombres saben que eyacular genera una serie de adaptaciones neuroquímicas que limitan nuestro rendimiento mental y físico.

Tampoco muchos hombres saben qué es una polución nocturna, porque se han masturbado con tanta frecuencia desde tan pronto que no saben que su cuerpo, natural y espontáneamente, se deshace del esperma.

De hecho, cuando hablo de *retención seminal*, la primera preocupación es acerca de dónde se guarda todo ese semen, y qué pasa con él si no es eyaculado. Pues esto tan elemental tampoco lo saben los hombres: el semen es una mezcla de distintos fluidos, de los cuales solo el 5-10% contiene espermatozoides. Por lo tanto, hasta que no llegamos a altos grados de excitación, antes de eyacular, el semen no existe, no se ha formado (lo verás con todo detalle en otro capítulo).

Y sí, estoy de acuerdo: llamar a esto *retención seminal* confunde.

Ha llegado el momento de que tomemos consciencia. Estoy seguro de que, si un hombre entiende qué le ocurre por dentro cuando eyacula, se lo pensaría dos veces antes de hacerlo.

En primer lugar, dejaría de desperdiciar su semen en sucedáneos, es decir: en masturbarse con o sin porno. Por poner una alegoría, los hombres hemos entrado a un restaurante, y hemos pensado que esto era un buffet libre, pero no: se paga por plato. Y se paga caro.

Considérese que, en el reino animal, solo el perro tiene una incidencia de cáncer de próstata comparable al hombre. La mayoría de mamíferos se aparean durante la época de celo, y el resto del año rara vez un macho mostrará interés sexual.

Pero nos han contado que la solución a esto es una actividad sexual todavía mayor, caso insólito en que abusar de la función de un órgano evita su disfunción.

¿A que no comes igual cuando sabes que todo tiene un precio?

Pues es así, toda eyaculación tiene precio. Y cuando te haces consciente de esto, te lo piensas antes de eyacular.

Puede que te acuerdes de tu ex en una noche de verano en que no puedes dormir... pero no vas a masturbarte porque sería un desperdicio.

Además, no es lo que realmente quieres. De hecho, te aleja de lo que realmente quieres.

Tú quieres recuperar la intimidad y la pasión con tu pareja, o conseguir una, o tener sexo casual con varias mujeres que te gusten, o ser célibe.

No voy a juzgar tu camino, solo a darte las herramientas.

Cuando dejes de desperdiciar tu energía en solitario y empieces a cultivarla e impactar al mundo con ella, vas a conseguir esas metas con facilidad.

Pero incluso entonces, recuerda: eyacular tiene precio. Llegará un momento (muchos lo hemos vivido) en que no cualquier mujer valga la pena. Y empezarás a descartarlas, y también a preguntarte: ¿y si pudiera tener sexo sin eyacular?

Spoiler: se puede. Hablaremos un poco de eso al final del libro.

Y conforme experimentes y acumules beneficios, tú, esa persona que vivía en un estado constante de depleción neuroquímica por haber estado eyaculando de manera incontrolada, te habrás hecho un hombre consciente de su energía sexual.

Créeme: cuando un hombre es consciente de su energía sexual, la conserva y la cuida; eso le hace poderoso, y genera una dinámica atractiva.

Y no me refiero a atraer mujeres (que también): me refiero a atraer los resultados por los que trabajas. Al fin y al cabo, cuando estás 'bajo los efectos de la eyaculación', a nivel inconsciente siempre te va a faltar algo, no estás completo. Esa necesidad la transmites a todo lo que haces.

Pasa página, despierta…

1.5 TUS MISIONES: CÓMO APLICAR ESTE LIBRO

Leer este libro cambiará tu cabeza, pero tu vida seguirá igual. Elegí crear este libro principalmente porque me gusta escribir. Pero soy consciente de que publicar este conocimiento tiene sus peligros.

Es principalmente el peligro de la comodidad el que me preocupa. Estás ahí, en tu habitación, leyendo estas páginas solo… Ninguna palabra te compromete. Puede que alguna te incomode, muchas te motivarán, pero estás en tu espacio seguro. Demasiado seguro…

Leer este libro no te compromete a nada. De hecho, siempre

existe el riesgo de que te recrees en esa estimulación tan motivadora de fantasear con todas las mejoras que puedes implementar en tu vida...

Pero cuando termines de leer no habrá cambiado absolutamente nada.

Por eso, al final del libro, te propondré algo. He diseñado una ruta de acción paso a paso para que tú puedas experimentar todos los beneficios del cambio de estilo de vida que supone la retención seminal.

Es un método paso a paso progresivo y que te va a cambiar radicalmente.

Y no solo vas a cambiar tú sino que vas a cambiar tu entorno y las personas con las que te relaciones.

Pero primero, disfruta.

Este libro se divide en cuatro partes.

La primera ya casi la has completado: es esta introducción donde quería que tuvieses muy claro el objetivo del libro y también que nos conociésemos el uno al otro.

La segunda parte tiene como objetivo poner las cosas en contexto. Vamos a entender cómo hemos llegado hasta la situación actual, vamos a entender por qué es un problema enorme que tantos y tantos hombres se dediquen a desperdiciar su energía sexual con el porno y la masturbación.

Vamos a analizar todas las perspectivas: qué pensaban las culturas antiguas sobre la retención seminal y qué argumentos esgrimen los que hoy en día defienden que la masturbación es una práctica saludable que no se debe restringir, o que es totalmente inocuo para tu cerebro consumir pornografía.

Veremos qué hay detrás de la industria pornográfica, y te invitaré a conocer los movimientos que en los últimos años han surgido para concienciar a la sociedad sobre los daños de la pornografía y la masturbación.

La tercera parte es la más densa, pero seguramente sea la que más te sorprenda. Vamos a hacer un repaso en profundidad y desde una perspectiva científica de los efectos que tiene sobre tu cuerpo la retención seminal.

Y en la cuarta parte te voy a explicar con todo detalle cómo dejar la pornografía y la masturbación para siempre, cómo practicar de forma sostenible y fiable la retención seminal y todo lo que puedes hacer para potenciar los efectos de la misma.

Si ya sabes quién soy o me has investigado un poco, sabes que he creado varias formaciones online donde ayudo a hombres a conseguir precisamente todo esto.

Me enorgullece poder ganarme la vida ayudando a tantos hombres con mi experiencia y conocimientos.

Pero recientemente he aprendido algo que he querido aplicar a la composición de este libro.

He visto demasiadas veces como otros creadores de contenido parece que quieran ocultarte el conocimiento para que te conviertas en su cliente.

Lo que he aprendido es esto:

Regala el conocimiento, vende la implementación.

Eso quiere decir que no tienes que pagar absolutamente nada por cualquier conocimiento explícito que ahora mismo está en mi cerebro, por nada de lo que he aprendido durante todos estos años.

Obviamente no voy a escribir un libro de dos mil páginas, pero desde luego que no voy a reservarme ningún tipo de conocimiento si pienso que puedo ayudarte.

Pero si quieres mi ayuda a la hora de implementarlo… lee el libro al completo.

Es lo único que puedo decirte.

2. SOCIEDAD

2.1 TU HISTORIA, MI HISTORIA

Esta es una sección contextual del libro, donde quiero compartir contigo cómo llegué a mis ideas actuales sobre la energía sexual masculina, la pornografía, la masturbación y la eyaculación.

Y cómo el mundo ha llegado adonde está.

Eso nos llevará a un viaje por otras culturas, pero también a ciertos rincones de la nuestra que puede que no te resulten muy agradables pero que es necesario revelar.

Mis ideas no son originales. De hecho, algunas de las cosas que voy a compartir contigo son puro sentido común. Son tan de sentido común que te vas a reír en voz alta por no haberte dado cuenta antes…

Aunque lo más probable es que, sin el adoctrinamiento y sin la instrumentalización de la sexualidad, te habrías dado cuenta fácilmente.

En lo que sí creo que he podido aportar es en dar una perspectiva completa y haber creado un puzzle con todas las piezas de conocimiento que, de forma dispersa, se encontraban tanto en la literatura científica como en la filosofía antigua.

Pero, ¿cómo empezó todo?

Ponte en mi situación:

Yo socializo mucho. Algunas semanas salgo todos los días. A veces a eventos sociales, a veces con amigos, a veces a hablar con chicas desconocidas por la calle...

Y te imaginarás que una de las preguntas que me hacen (además de mi nombre y mi edad) es a qué me dedico.

Suelo eludirlo, según me convenga, con una media verdad: me dedico al desarrollo personal masculino.

Pero soy más conocido por divulgar acerca de los beneficios de dejar la pornografía y la masturbación.

¿Cómo llega un tipo como yo a escribir un libro así?

Toda esta evolución empieza en una época de mi vida en la que, obviamente, no sabía muy bien qué hacer. No tenía ningún plan de futuro, había dejado muchos proyectos a medias, y realmente nada me motivaba demasiado (excepto perder el tiempo en fiestas, videojuegos, y demás).

Esta fue una época en la que, debido a mí falta de orientación, empecé a consumir contenido de desarrollo personal, tanto en forma de libros como de vídeos. Sobre todo consumía contenido sobre ejercicio, principalmente en Youtube.

Y un buen día las sugerencias de esta red social me recomendaron un vídeo en inglés sobre un extraño reto que se estaba haciendo popular, sobre todo en el mundo anglosajón. Este era el reto de NoFap.

Este reto, para quien no lo conozca, se trata de conseguir dejar la pornografía y la masturbación durante determinado número de días; normalmente se hacen 90, pero también hay retos de un mes completo, 21 días, 7 días…

Muchos hombres, cuando lo consiguen, deciden dejar de tomárselo como un reto y convertirlo en un estilo de vida.

Os pongo un poco en contexto: yo vengo de una familia donde jamás me han inculcado ningún valor de tipo religioso. He ido a un colegio público donde la religión era una asignatura optativa (que yo no elegí). Ninguno de mis amigos era creyente

Para que os hagáis una idea, fui bautizado con 6 años, simplemente para poder reunir a mi familia que vivía en distintas ciudades. A día de hoy, no he tomado la Comunión.

Y en la biblioteca familiar, no ya de mis padres, sino de mi abuela, había un libro de los años 70: *La masturbación en los adolescentes.* Es decir: la sexualidad nunca fue un tabú en mi casa, ni mucho menos.

Entonces, cuando yo descubrí ese reto, obviamente pensé lo que algunos lectores estáis pensando:

"Esto es simplemente una condena de tipo religioso, sobre algo que en realidad no tiene ningún daño para la salud. Simplemente se trata de un sistema de valores para intentar reprimir a la gente de alguna manera y tenerlos controlados".

Esto tenía sentido para mí, era lo que me habían enseñado, y es lo que muchos nunca dejarán de pensar, por mucho que les expliques cómo surgió realmente el movimiento NoFap (más sobre esto en la siguiente sección).

En aquel periodo de mi vida, básicamente mi rutina por la noche era meterme en la cama con el ordenador portátil, buscar porno, masturbarme y dormirme.

Te imaginarás que intentar aquel reto no me convencía demasiado.

A día de hoy no sé exactamente por qué finalmente intenté el reto. Supongo que, en el fondo, uno sabe cuándo no está feliz con su vida, y en esas circunstancias cualquier posible solución es bienvenida.

Además, la persona que hablaba de este reto era alguien a quien yo admiraba, a quien yo respetaba, y si él había pasado por el proceso y lo recomendaba… ¿por qué no, simplemente, probar?

Y probé. ¿Resultado?

Caí miserablemente.

No aguanté más de dos o tres días. Y realmente eso fue una bendición, porque yo soy bastante obsesivo, y el hecho de haber fallado me hizo tomármelo mucho más en serio.

Pensé:

"¿Cómo es posible que yo, que me tengo por una persona educada e inteligente, no sea capaz de controlar esto ni siquiera durante 3 días?".

Dicho y hecho: lo intenté una y otra vez hasta que conseguí llegar a 21 días.

En realidad, los beneficios llegaron antes, pero los 21 días fueron la marca donde yo me di cuenta de que algo muy potente (y que no entendía muy bien) estaba pasando en mi interior.

Aún no había investigado hasta descubrir que, efectivamente, tres semanas de abstinencia producen un aumento de los niveles de testosterona en hombres, como veremos en la parte del libro dedicada a la ciencia.

En aquella época yo tenía ciertos problemas para relacionarme con personas. No me gustaba conocer a gente nueva, no me gustaba interactuar con desconocidos, incluso entre mis propios amigos me sentía incómodo si el grupo era mínimamente grande (cinco o más personas).

Y no hablemos ya de mujeres. Mi estrategia reproductiva consistía en embriagarme y acudir a lugares masificados con otras personas tan ebrias como yo.

Pero ese día, el día 21 de mi nueva racha de Nofap, iba paseando por la calle, vi un negocio de marketing olfativo y, como no conocía este concepto, pedí hablar con el dueño. Unos días después estaba trabajando como voluntario para ser comercial a puerta fría.

La ansiedad social y la apatía se habían transformado en acción. En ninguna otra circunstancia habría pensado que sería capaz de hacer eso. Y solo llevaba 21 días.

Y conforme esa racha iba aumentando, otras cualidades se potenciaron en mí, cosas que nunca habían salido a la luz, cambios que ni siquiera yo me esperaba (porque no tenía la información que tengo ahora).

Unas páginas más adelante tendrás una lista completa de los beneficios que he podido recoger de mi experiencia y la de muchos hombres.

Volviendo a la historia, completé mi reto de 90 días. Por aquel entonces, yo ya tenía abierto mi canal de Youtube, pero no lo utilizaba como lo utilizo ahora. Para mí, era una especie de depósito de cosas que iba aprendiendo, sobre todo resúmenes de libros que leía, porque estaba aprendiendo lectura rápida (otro efecto secundario de la retención seminal).

Así que grabé un podcast que se llama *"Por qué no deberías masturbarte"* y luego me olvidé del tema. Seguí con mi vida, aprendiendo nuevas habilidades, rompiendo nuevas barreras, experimentando.

Ese vídeo, ahora mismo, tiene más de un millón y medio de visitas, y me hizo darme cuenta de que aquello por lo que yo había pasado podía ayudar a muchísima gente.

2.2 EL MOVIMIENTO NOFAP

El NoFap tal y como lo conocemos hoy en día nació como un subforo de Internet en 2011.

Nofap significa aproximadamente 'no masturbación'. Se dice que FAP es la onomatopeya que comúnmente se utilizaba en Internet para representar el ruido que hace la masturbación…

En uno de los subforos de Reddit, un buen día, un usuario compartió un estudio realizado en China. Según ese estudio, tras siete días de abstinencia (sin eyacular), un grupo de hombres experimentó de media un aumento del 145% en los niveles de testosterona.

Analizaremos en profundidad este y otros estudios en el apartado de la ciencia.

Volvamos ahora a la historia del movimiento Nofap:

A raíz de la divulgación de ese estudio, se propuso un reto de abstinencia durante una semana y, conforme creció este subforo (en poco más de año se unieron 40.000 usuarios), la comunidad terminó migrando a su propia página web: nofap.com

Actualmente, NoFap es una marca registrada, pues Alexander Rhodes y otros usuarios que propusieron originalmente el reto terminaron creando una empresa en los Estados Unidos con este nombre.

Pero no se pueden poner puertas al campo. Por mucho que la empresa NoFap y sus abogados insistan, cuando hablamos de NoFap hablamos inevitablemente de un movimiento, hablamos de una comunidad de hombres de todo el mundo que experimenta con los beneficios de dejar la pornografía y la masturbación temporal o permanentemente.

Esta compañía ha amenazado con acciones legales a diversos creadores de contenido (incluido yo) por utilizar la palabra

NoFap, y ese es el motivo por el que ninguno de mis productos digitales lo incluye.

Existe una diferencia significativa entre el programa oficial de la web NoFap.com y las ideas generales de la comunidad. La empresa NoFap se enfoca exclusivamente en concienciar sobre los efectos negativos del consumo de pornografía online en el cerebro. No considera problemática la masturbación cuando se recurre a ella de forma 'moderada' (palabra comodín que puede significar lo que cada uno quiera), y tampoco objeta contra el uso ocasional de pornografía fuera de un contexto adictivo.

En la comunidad, sin embargo, es muy común que el objetivo consista en dejar la pornografía y la masturbación totalmente. La mayoría de los hombres en este movimiento quieren dejar de conformarse con sucedáneos de lo que realmente desean: una conexión íntima y real con una mujer real.

No obstante, conviven visiones cercanas pero distintas. Hay hombres que aspiran a practicar la retención seminal aunque mantengan relaciones (sexo sin eyaculación), hay otros que desean seguir el camino del celibato, y hay quienes defienden una práctica moderada de la masturbación.

La comunidad se organiza a través de foros online y grupos

en diversas redes sociales. Eventualmente se organizan, de manera espontánea, retos de distinta duración, aunque los más famosos son los retos mensuales de septiembre y noviembre.

Has comprobado que uno de los pilares de este movimiento consiste en alertar sobre los efectos negativos del consumo de pornografía online.

La pornografía, al menos entendida en un sentido amplio, ha formado parte de muchas sociedades. Etimológicamente, podríamos decir que pornografía significa 'dibujos de prostitutas' (gran número de actrices porno son exactamente eso).

Pero la pornografía online, la pornografía tal y como nuestras generaciones la han conocido, difiere significativamente de toda la producción anterior al menos en dos rasgos: el formato y el alcance.

Durante mucho tiempo el formato predilecto de la pornografía había sido la imagen física. Piensa en las clásicas revistas que solían estar hábilmente disimuladas en cualquier kiosco de barrio de los años 90…

Hoy en día, sin embargo, ese formato prácticamente ha desaparecido. En su lugar, existen innumerables páginas eróticas con vídeos de muy distinto formato y género, y que los usuarios acostumbran a ver de manera enlazada, saltando de vídeo en vídeo, quizás ni tan siquiera terminando de ver ni uno solo de ellos.

Asimismo, la calidad de la imagen aumenta año tras año, y la tecnología ofrece la posibilidad de crear, por ejemplo, vídeos interactivos.

Casi inevitablemente, conforme la tecnología de la realidad virtual se abarate, una nueva pornografía se impondrá todavía más inmersiva.

Esta evolución del formato ha venido de la mano de una accesibilidad casi completa a Internet. Antes del siglo XXI, para consumir pornografía en vídeo, debías tener acceso a un formato de almacenamiento físico como una cinta de vídeo o un DVD. O bien debías desplazarte a algún establecimiento donde adquirirlo, ir a un ciber café, etc.

En cambio, hoy en día todos vamos equipados, como un apéndice, de un teléfono inteligente que permite acceso inmediato a toneladas de pornografía.

Es por ello que cada vez se consume más porno, y cada vez se empieza a consumir antes.

Con este panorama que acabamos de dibujar, es normal que entre ciertos científicos e investigadores saltasen las alarmas. Tan pronto como el acceso a pornografía online se fue generalizando, se empezaron a publicar estudios sobre las posibles consecuencias psicológicas y neurológicas de esta nueva epidemia.

El libro *Your Brain On Porn* (que estrictamente podría traducirse como 'tu cerebro cuando consumes porno'), de Gary Wilson (que en paz descanse), es la obra que dio a conocer al gran público estas investigaciones. Ha recibido mucho apoyo y también muchas críticas. Como libro de divulgación, ha enriquecido el arsenal teórico del movimiento; no obstante, en la parte del libro dedicada a la ciencia analizaremos las investigaciones al respecto con mayor profundidad.

2.3 CONCEPTOS ESENCIALES

Abstinencia

Período de tiempo sin exponerse a determinado estímulo (sexo, pornografía, etc.). Estrictamente, debería llamarse abstinencia al número de días sin eyacular, ya que es el término empleado en la literatura científica.

Edging

El edging es una práctica de masturbación que consiste en llegar a un nivel máximo de excitación sin eyacular, intentando pasar tanto tiempo como sea posible en este nivel máximo de placer.

Estas sesiones pueden alargarse por horas y deben evitarse

completamente si se quiere dejar la pornografía y la masturbación.

Para más información, consulta la Parte 4 del libro.

Flatline

Se denomina flatline a un conjunto de síntomas que se experimentan al dejar la pornografía y la masturbación. Estos síntomas suelen corresponder al síndrome de abstinencia característico de otras adicciones.

A veces se usa la traducción literal 'línea plana'.

Más información en la Parte 3 y en la Parte 4 del libro.

Modo Difícil (Hard Mode)

El Modo Difícil se asemeja más, estrictamente, a la retención seminal como tal. No permite ver porno, ni masturbarse o tener sexo con eyaculación. Normalmente, no se consideran recaídas las poluciones nocturnas, aunque algunos usuarios que quieren evitarlas activamente reinician sus contadores y las consideran recaídas.

Modo Fácil (Easy Mode)

Modalidad del reto NoFap en que no está permitido ver porno ni masturbarse. En esta modalidad, sí está permitido tener sexo. No hay problema si se tiene una polución nocturna (ver más abajo).

NoFap

NoFap es una marca registrada, una plataforma de debate y divulgación sobre los efectos negativos de la pornografía online. Anteriormente, se designaba así a una comunidad de hombres de todo el mundo que experimenta con los beneficios de dejar la pornografía y la masturbación temporal o definitivamente.

NoPmo

PMO son las iniciales de Pornografía, Masturbación y Orgasmo. Describe la secuencia que sigue el usuario medio: buscar porno y masturbarse hasta alcanzar el orgasmo. No significa necesariamente que se condene o desaconsejen esos elementos por separado, aunque se suele usar como sinónimo de NoFap.

Poluciones nocturnas

Las poluciones nocturnas son eyaculaciones involuntarias que se dan durante el sueño, normalmente acompañadas de orgasmo y de sueños eróticos. Al alcanzar cierto número de días sin eyacular, el sistema evacúa estos fluidos, que pueden tener o no la misma composición que una eyaculación normal.

Más información en la Parte 4 del libro.

Racha

El número de días que acumulamos en las distintas modalidades (modo fácil y modo difícil). Algunos usuarios contabilizan dos rachas distintas: los días sin pornografía ni masturbación, y los días sin eyacular.

Recaída

Se considera que hay una recaída cuando hemos incumplido alguna de las normas del reto o modalidad que estemos haciendo. Por ejemplo, tener sexo con eyaculación no es una recaída en el Modo Fácil, pero sí en el Modo Difícil. Eso significa que tenemos que reiniciar nuestro contador de nuevo hasta el Día 0.

Reinicio

El reinicio es el proceso de reajuste de nuestro cerebro y nuestro cuerpo conforme nos vamos recuperando de los efectos negativos de la pornografía y la masturbación. También se llama así al período que nos toma recobrar nuestra conducta sexual normal.

2.4 BENEFICIOS DE DEJAR LA PORNOGRAFÍA, LA MASTURBACIÓN Y LA EYACULACIÓN

En este apartado quiero compartir contigo una lista exhaustiva de todos los beneficios que tanto yo como miles de hombres en todo el mundo hemos experimentado al dejar la pornografía y la masturbación, y practicar la retención seminal.

A estas alturas del libro puede que todavía no estés convencido de que realmente el porno o la masturbación, o si quiera eyacular, puedan realmente tener algún perjuicio para tu cuerpo.

Por eso aclaro y reitero que está lista es sencillamente el fruto de la experiencia colectiva. Son datos que he ido recopilando gracias a mi experiencia y al haber tenido contacto con miles de hombres en todo el mundo.

No están escritos en piedra ni están garantizados. Pero si tantas personas los han experimentado, ¿por qué no ibas a poder tú?

En el apartado dedicado a la ciencia haré referencia a esta lista, para que podamos explorar las posibles causas de estos beneficios.

Añado que esta lista de beneficios es aproximada. De media puedo decir que el 80% de hombres probablemente experimente el 80% de estos beneficios.

Eso quiere decir que habrá hombres que experimentarán todos, pero habrá otros que no experimentarán nada.

Esto no debe ser ninguna sorpresa, y no significa que lo que explico en este libro no funciona.

De hecho, con los números que te he dado, la efectividad de este estilo de vida supera a la de muchos medicamentos, que jamás son comercializados porque no logran tener un efecto superior al del placebo.

¿Por qué algunos beneficios son más comunes que otros? He reflexionado mucho sobre esto y creo que tengo una respuesta, aunque sea parcial.

La primera explicación tiene que ver con el contraste. A veces es difícil catalogar algo como un beneficio o, por el contrario, como la desaparición de un síntoma negativo. Si tienes un efecto negativo muy acentuado, te será muy fácil darte cuenta cuando desaparezca. Pero hay casos donde, por el historial de consumo de pornografía y masturbación y por la constitución natural de la persona, ciertos efectos negativos son tan leves que la persona no los nota como relevantes.

Otros beneficios son objetivos y más difíciles de malinterpretar. Por ejemplo, si un hombre recupera su capacidad para tener erecciones, esto es un síntoma muy evidente.

A su vez, siguiendo con el mismo ejemplo, como la mayoría de hombres no adquiere disfunción eréctil, curar esta condición no es un beneficio de los más extendidos.

Dado que no todos los hombres practican la misma modalidad (ya sabes que muchos continúan eyaculando cuando tienen sexo) ni consiguen las mismas rachas sin pornografía ni masturbación, otra explicación lógica es que algunos hombres solo experimentan ciertos beneficios porque necesitan más días de reinicio.

Por último, cuantas más posibles causas tenga un beneficio, más extendido estará. Dejar de ver porno aumentará tu concentración, pero también meditar (práctica que muchos descubren o retoman cuando adoptan este estilo de vida), por lo que es más probable que ocurra.

Verás que esta lista podría haberse categorizado de mil maneras. Lo que unos consideran veinte beneficios distintos, para otros se podrían agrupar en diez. En este caso, no es mi intención inflar la lista de beneficios, sino que quiero respetar la interpretación personal de tantos hombres que han compartido sus casos reales.

Por cierto, en mi canal de youtube (Pablo Zamit) tienes una lista de reproducción con docenas de testimonios de hombres de todo el mundo.

Beneficios que es muy probable que tengas

Aumento de energía

Esto puede experimentarse como un aumento de energía general o, puntualmente, energía mental o física. Hombres cuya energía decae a lo largo del día pueden mantenerse activos durante más horas. Si se practica algún deporte, la intensidad o duración aumenta. A la hora de estudiar o trabajar se requieren menos descansos o menos frecuentes. Y en rachas largas esto se suele traducir en que son necesarias menos horas de sueño por la noche.

Más motivación y optimismo

Capacidad de persistir en una tarea o proyecto incluso aunque no obtengas resultados rápidos. Naturalmente la mente se enfoca en escenarios favorables. Muchos bloqueos empiezan a soltarse, la inquietud de no conformarse con una vida mediocre se abre paso naturalmente.

Mejor autocontrol

También descrito como control de impulsos. Se refiere a la

capacidad de resistirse a tentaciones no solamente sexuales, sino a mayor autocontrol con la comida, con situaciones que nos alteran, o sustancias que quieren dejar de consumirse (café, alcohol, cannabis, etc.).

Este beneficio no aparece de primeras y, de hecho, los primeros días y semanas el deseo nos puede desbordar.

Mayor capacidad de concentración

Capacidad para estar concentrado en una determinada tarea durante mucho tiempo. Facilidad para pensar, asociar y asimilar conceptos. Lo opuesto sería la 'niebla mental' o falta de concentración. Se describe también mayor fluidez verbal y mejor memoria.

Mejor estado de ánimo emocional

El nivel medio de emociones que se experimentan durante el día aumenta; emociones negativas como el enfado o la tristeza son cada vez menos frecuentes.

Mejores erecciones

Se explica sola. Incluyo aquí a los hombres que habían desarrollado disfunción eréctil, los que no tienen erecciones al despertarse y las recuperan, y los que sencillamente notan mayor dureza, grosor, circulación, mejor ángulo o incluso más longitud.

Seguridad en uno mismo, confianza

Lo opuesto sería la ansiedad social. En general se experimenta menos ansiedad en todas las situaciones; en el ámbito social, tu capacidad para interactuar con otras personas, incluyendo desconocidas, aumenta. Es más frecuente causar buenas primeras impresiones.

Beneficios de probabilidad aceptable

Atracción femenina

Este es el que más incredulidad genera; desde luego, no es fácil de explicar, pero sí fácil de malinterpretar. Sin embargo, muchos dejan de ser escépticos en cuanto lo experimentan. Cuando te pase, me cuentas. Suele manifestarse en forma de miradas (que es la manera femenina de tener iniciativa), contacto físico 'accidental', buena predisposición de mujeres que conoces, etc.

Aumento de creatividad

Es un beneficio que no he añadido al primer grupo solamente porque relativamente pocos hombres emplean su creatividad de forma consciente. Es difícil darse cuenta sin realizar alguna labor creativa con cierta frecuencia. Más y mejores ideas.

Presencia

Facultad de estar en el presente. Seguramente porque la mente se calme: estamos menos tiempo reviviendo eventos del pasado o preocupados por el futuro. Algunos lazos traumáticos se van deshaciendo. Esto se traduce en mayor capacidad para disfrutar de pequeñas cosas y divertirnos en cualquier circunstancia.

Mejora en la calidad de sueño

La calidad de sueño aumenta en general, incluso personas autodeclaradas insomnes solucionan su problema. Sin embargo, también puede ocurrir lo contrario: dado que muchos hombres dependen de la masturbación para dormir o de repente tienen demasiada energía, pasan algunas malas noches.

Mejora en la frecuencia de micción

Muchos hombres, especialmente a partir de la treintena, van demasiadas veces al baño o no evacúan completamente. Quizás exista algún tipo de inflamación en la próstata o la uretra que se alivie al dejar de eyacular.

Beneficios que solo algunos experimentan

Mejoras en el cabello o vello facial

Hombres que estaban perdiendo pelo dejan de perderlo, o incluso recuperan zonas despobladas. También es común que crezca más el pelo y que tenga mejor calidad o densidad. La barba puede crecer también con mayor densidad, apareciendo en zonas donde no había vello.

Mejoras en el oído, la visión o el dolor de cabeza

Sobre todo cuando se tiene algún síntoma previo, como acúfenos (pitidos en los oídos), vista borrosa, etc.

Cambios en la voz

La voz se hace más gruesa, menos infantil o más clara. Este es de los más difíciles de confundir, pero no tan común. Muy probablemente está relacionado con la disminución de los niveles de ansiedad y el aumento de confianza, aunque tiene mucho sentido que el beneficio sea de origen hormonal.

Mayor conexión espiritual

Muchos hombres refuerzan o recuperan su fe (sea cual sea). Es común que hombres sin ningún interés en la espiritualidad empiecen a interesarse en ella y vivirla. Esto no es extraño ya que, como verás, muchas tradiciones religiosas han insistido en la contención, abstinencia o retención seminal como práctica recomendada o necesaria dentro de su fe.

Mejora en la salud de la piel

Generalmente se refieren a condiciones donde hay demasiada grasa o la piel está seca. Muchos casos son de acné o eczemas que remiten. En mi caso contribuyó a mejorar la dermatitis. En personas que ya tenían piel sana se describe un brillo adicional.

2.5 SECRETOS NO TAN OCULTOS: LA RETENCIÓN SEMINAL EN OTRAS CULTURAS Y ÉPOCAS

No importa desde qué país me leas: ya estabas familiarizado con algunas ideas de este libro.

Todas las grandes religiones, como es lógico, dan una gran importancia a la sexualidad. Al fin y al cabo, pocas cosas hay más importantes: no hay religión sin seguidores.

No he conocido ninguna cultura que no restrinja, de algún modo, la actividad sexual en solitario o en pareja; excepto, por supuesto, la antirreligión moderna.

Esto debería hacernos pensar. Muchos preceptos religiosos tienen un origen práctico. Las religiones aparecen, desaparecen, se funden unas en otras, pasan de minoritarias a mayoritarias...

Hay religiones más exitosas que otras, y esto en parte tiene que ver con sus preceptos. Estos pueden estar más o menos inspirados por lo divino, pero si no funcionan, si no sirven para hacer más fuerte a la sociedad, desaparecen.

Así que, sin importar en qué creas, debes preguntarte por qué la masturbación y el sexo sin fines procreativos se han juzgado de manera tan distinta a lo que vivimos en 2022.

Por supuesto, si viajamos a la prehistoria, es probable que el semen fuese un fluido de poca importancia. Al fin y al cabo, en esas condiciones, no es fácil atar cabos y deducir que el semen es efectivamente semilla, y que es necesario para dar luz a un nuevo ser. Por ejemplo, en las Islas Trobriand, para la población nativa, una mujer joven quedaba embarazada si se sentaba a la sombra de un árbol específico.

Una de las varias teorías sobre el tema sostiene que fue con la domesticación de los animales que empezamos a entender cómo funcionaba la concepción. Desde ese momento, el semen quizás empezó a tener un estatus sagrado. En Sumeria, por ejemplo, se creía que el dios Enki había creado la civilización eyaculando sobre el río Tigris.

En la mitología egipcia, tenemos al dios Atum, 'el que existe por sí mismo'. En aquella soledad, se dice, Ayum creó el universo masturbándose hasta el orgasmo (otros dicen que fue estornudando). Según algunas fuentes, este carácter sagrado de la sexualidad no siempre se manifestaba en Egipto a través de la retención seminal, y se daban ceremonias donde los sacerdotes se masturbaban en público y eyaculaban en un río.

Se creía, además, que el semen se acumulaba en la cabeza, y a pesar de su carácter divino fue identificado también como un veneno. También encontramos en Egipto la primera asociación entre el semen y la médula ósea: dado el rol del semen en la creación del universo, y visto que la única parte que no se descompone en un cadáver son los huesos, se podía pensar que, de algún modo, la clave de la vida eterna residía en ellos.

(Por cierto: como verás en la Parte 4, se ha conseguido crear esperma inmaduro a partir de médula ósea).

En el Antiguo Testamento, dos libros (Levítico y Deuteronomio) incluyen varios pasajes sobre el semen. Cuando ha salido del cuerpo, se considera una sustancia impura; un hombre que ha tenido una polución nocturna durante la noche, por ejemplo, no puede leer textos sagrados o consumir alimentos sagrados hasta la tarde siguiente. Ni siquiera puede, si está reclutado, participar en la guerra. Cualquier expulsión de semen que no tuviese fines reproductivos merecía este castigo.

David Biale, experto en el tratamiento de lo erótico en el judaísmo, nos habla de que algunos grandes personajes históricos de esta tradición decían haber nacido de semen desperdiciado, es decir: de la masturbación. Así, el semen tendría cualidades mágicas por sí mismo, de lo cual se aprovecharían los demonios para alimentarse.

Por cierto, ya que algunos me lo han preguntado (nada me sorprende a estas alturas): sí, algunas sectas han practicado la ingesta de semen para aprovechar sus cualidades. Por ejemplo, los Tachikawa-ryu, una rama budista de Japón fundada en el siglo XII.

Maimónides escribió que "el semen constituye la fuerza del cuerpo, su vida (...). Su emisión en exceso causa decadencia física, debilidad y vitalidad disminuida". Como el cristianismo, parte de la condena del judaísmo hacia la masturbación tiene como fuente el episodio bíblico en que Dios mata a Onán por "desperdiciar su semilla"; en este episodio se puede entender que Onán eyacula sobre la tierra cuando tiene relaciones con su cuñada, pero hoy en día se ha tomado onanismo como sinónimo de masturbación. Algunos místicos razonan que, si el semen no se usa para engendrar a un hijo, se está cometiendo un asesinato.

En el hinduismo, el término 'brahmacharya' se traduce por 'celibato' o 'continencia'; estrictamente, significa "adoptar estrictamente el camino para alcanzar a Dios".

¿Por qué se ha terminado por reducir esta lucha espiritual al plano de la continencia o el celibato?

Sencillamente, porque la continencia se consideraba el mayor obstáculo en este camino.

Según la tradición védica, el semen es el elixir más potente de todos, pues da origen a la vida. Se forma sucesivamente a partir de otros elixires: de la comida a la sangre y los tejidos del cuerpo y, en el paso inmediatamente anterior a la formación del semen, la médula (40 gotas de médula ósea equivalen a una gota de semen).

El semen confiere al hombre belleza, fuerza física y mental, inteligencia y memoria. Su pérdida, en cambio, provoca tristeza y pérdida de memoria y vigor.

El texto sobre medicina ayurvédica *Charaka-samhita* aclara, sin embargo, que es tan peligrosa la obstrucción del deseo como la pérdida del semen, aunque los preceptos que advierten contra la eyaculación y listan sus consecuencias son más numerosos. En el famoso *Kama Sutra,* el semen se considera un elemento fundamental de la salud del hombre, y su pérdida predispone a la enfermedad, especialmente conforme envejecemos.

> "La actitud de una persona ante la sexualidad
> es una muestra de su nivel de evolución"
> Lao Tsu, *Hua Hu Ching*

La retención seminal tiene un papel destacado dentro de

la Medicina Tradicional China (MTC). La *esencia* o *jing*, que equivale a lo que en hinduismo llaman *ojas*, es la fuerza vital que late en cada célula de nuestro cuerpo, y en ciertas ocasiones se usa como sinónimo del semen u otras secreciones endocrinas.

Esta *esencia* puede renovar nuestro cuerpo físico y elevar nuestro cuerpo espiritual. Algunos manuales taoístas describen la posibilidad de que el hombre y la mujer alcancen la inmortalidad a través del cultivo de la energía sexual.

En época actual, existe un movimiento masivo (equivalente a NoFap) en China, que interpreta la nueva realidad de la pornografía online a la luz de las nuevas investigaciones científicas y, a la vez, el conocimiento atesorado por la Medicina Tradicional China.

En la Antigua Grecia tenemos, por ejemplo, a Pitágoras, que a pesar de ser un hombre casado y con hijos, era consciente del poder del semen y enseñaba que este era un fluido vital muy importante, estrechamente relacionado con el cerebro, y de propiedades alquímicas.

El médico griego Areteo de Capadocia consideraba el semen

como el origen de la masculinidad. Esto es común a muchos otros pensadores y tradiciones; al eyacular, el hombre pierde su fuerza activa, y se vuelve dócil, pasivo, femenino.

Otro médico de la antigüedad, esta vez romano (Galeno), escribió todo un tratado sobre el semen: De Semine. La conducta sexual excesiva resulta en una pérdida de energía vital; curiosamente, Quintiliano, uno de los grandes oradores romanos, aconseja abstenerse de las relaciones sexuales para conseguir una voz masculina.

El Corán considera la masturbación una ofensa, y prescribe que los hombres deben proteger sus órganos sexuales excepto para sus esposas.

Una de las distinciones que hace el islamismo entre el sexo y la masturbación tiene que ver con la riqueza de la experiencia: mientras que en el sexo la energía se canaliza a través de varios sentidos (pues es una experiencia visual, táctil, olfativa, etc.), la energía sexual se convierte en algo puramente psíquico durante la masturbación, perturbando al hombre (en la parte del libro relativa a la Ciencia veremos cuán acertada es esta explicación).

Como vemos, a lo largo de la historia, culturas totalmente alejadas entre sí geográfica e ideológicamente, han llegado a conclusiones similares acerca de la masturbación y la retención seminal.

Por supuesto, puede argumentarse que, originalmente, no tenían disponible el conocimiento científico. Pero sorprende cuánto se asemejan las distintas versiones.

2.6 EL OSCURO MUNDO DE LA PORNOGRAFÍA ONLINE

"El universo contiene su aliento mientras tomas tu decisión".

Lo creas o no, la determinación que tomes tras leer este libro cambiará el mundo.

Hemos digerido la idea equivocada de que el mundo lo cambian los 'movimientos sociales'. Pero estas acciones colectivas solamente tienen efecto real cuando sus protagonistas han estado dando ejemplo personal durante años.

Alguien dijo que el lenguaje se inventó para mentir… No sé si diría tanto, pero cualquiera puede ver la distancia que comúnmente hay entre los actos y las palabras.

Quien silenciosamente aplica en su vida lo que cree cierto y bueno está produciendo más cambio en el mundo que quien discute constantemente los problemas. Hablar cuesta poco, quejarse puede ser adictivo, y este tipo de personas únicamente mueve un dedo cuando el trabajo está ya prácticamente completado.

Hay millones de personas consumiendo pornografía a diario. Pero esos números no deben hacerte concluir que tu decisión es irrelevante. En este capítulo aprenderás datos perturbadores sobre la industria del porno. Si decides dejar de contribuir a ello (y créeme que, aunque consumas gratuitamente, contribuyes), estarás cultivando el ejemplo. Y cuando por fin hables (en el momento justo, sin proselitismo) tus palabras resonarán, impactarán a cientos, y el número de personas que tomen tu misma decisión aumentará exponencialmente.

En este apartado veremos cómo la industria de la pornografía está íntimamente asociada al tráfico sexual, la explotación de menores y la violencia sexual.

En primer lugar: ¿cuánto porno se consume realmente?

La industria del porno mueve 13.000 millones de dólares al año solo en Estados Unidos (según datos de 2017). Para que te hagas una idea, el 35% de las descargas de Internet son pornografía (hablamos de descargas, no de consumo online).

Una de cada cinco búsquedas que se hace desde el teléfono corresponde a pornografía. Ya en 2014, dos tercios de los hombres menores de 30 años veían porno varias veces por semana.

Alrededor de 2008, la recesión y el nuevo modelo de consumo de pornografía online recortaron los beneficios de estas empresas; pero desde entonces, no han hecho más que recuperarse y crecer, encontrando nuevas formas de monetización.

Y ahí es donde entras tú. Las páginas porno, actualmente, obtienen la mayor parte de sus ganancias simplemente porque personas como tú las visitan. El mero hecho de visitarlas ya las monetiza, y cuanto más tiempo pases, mejor. Si además pulsas en cualquiera de los anuncios que muestran, ganan aún más dinero.

Este es un modelo asentado: entre el 80 y el 90 por ciento de los ingresos generados por el porno online provienen de usuarios que no pagan nada.

Por no hablar de que las páginas porno tienen una concentración de software malicioso cinco veces superior a la media de Internet. Así, pueden emplear los recursos de tu ordenador o directamente robar tus datos.

Es un modelo muy lucrativo. Si, efectivamente, el porno online es altamente adictivo (como trataremos de demostrar en la siguiente parte del libro), y tenemos en cuenta que niños tan jóvenes como de hasta 8 años de edad empiezan a consumir pornografía, es un negocio redondo.

Solo recientemente algunos países se han puesto serios a la hora de exigir que las páginas porno verifiquen la edad de sus visitantes. Sin embargo, incluso aunque las autoridades fuesen capaz de hacer efectiva esta legislación para las innumerables páginas que existen, nunca ha sido excesivamente disuasorio mentir sobre la edad de uno. Cuando uno compra alcohol o tabaco, lo hace en público; es fácil comprobar la edad aproximada de la persona, o pedirle un documento. Esto no sucede con un menor que usa su teléfono para buscar pornografía o, como es común, que la encuentre de manera accidental.

Ahora sabes cuánto dinero mueve la industria y cuántos clientes tiene en todo el mundo. Pero, ¿qué pasa al otro lado de la pantalla? ¿Qué lleva a una persona a dejarse grabar teniendo sexo a cambio de dinero?

Si has consumido porno, sabes perfectamente que la violencia juega un papel importante. Por supuesto, algunas escenas violentas que puedas ver en los vídeos están totalmente planeadas y consentidas; al fin y al cabo, el porno es una forma de cine.

Aunque inicialmente un usuario puede no estar interesado en este contenido, la pornografía crea tolerancia en nuestro cerebro, de forma que los usuarios buscan material cada vez más impactante. Muchas veces ni siquiera lo disfrutan, pero el cerebro les pide una mayor estimulación.

Pero la violencia que vemos en las escenas es simulada, ¿no?

Danielle Williams es una ex actriz porno que dejó la industria y compartió su testimonio. Entre otras cosas, se inició en la industria apenas cumplidos los 18 años; llegó a pasar semanas encerrada en un sótano grabando escenas.

En su libro, cuenta la historia de una compañera de la industria y que "había tenido demasiado sexo anal". Como consecuencia, "una porción del músculo del ano se le desprendió mientras grababa". Danielle Williams habla de esta y otras muchas lesiones, algunas de las cuales causaban tal daño al sistema reproductivo que inhabilitaban a las actrices para tener hijos en el futuro.

Emily Eve cuenta que "grabé escenas donde tenía que fingir que estaba muerta y alguien me violaba. Llegaba a casa llena de heridas y a veces sangrando. Me golpeaban, me escupían, me insultaban (...). Llegaba a casa y me dormía llorando".

En muchos casos las actrices hacen su trabajo por pura necesidad. Por eso, toleran temporalmente este tipo de trato; es común que haya un agente o manager que se encargue de convencerlas y, por supuesto, encubrir estos actos y proteger su inversión.

Muchas actrices hablan de esto cuando se retiran:

Emily Eve: "Cuando terminó la escena, mi garganta sangraba,

tenía moratones por todo mi cuerpo, dos desgarros en mi vagina, y un ojo ensangrentado. Me sentía tan débil, tan usada… era como si hubiese sido violada una y otra vez".

Jessi Summers: "Hice una película gonzo para empezar y fue lo más degradante, vergonzoso y horrible que he hecho nunca. Tenía que grabar un DVD interactivo, que consiste en horas y horas de tiempo de grabación, todo esto con 40 grados de fiebre. Estaba llorando y quería irme, pero mi agente no me dejaba, dijo que no podía irme".

Corina Taylor: "Durante una escena, le grité al actor que parase una y otra vez, pero no lo hizo. El dolor se hizo insoportable, entré en shock y no podía sentir mi cuerpo. Era incapaz de luchar. Después de la escena, nadie me llevó a mi casa. Llamé a un taxi y fui al médico para que me examinase. Al día siguiente, recibí una llamada [del director] para que no dijese nada (...). La grabación final editada me haría quedar como una mentirosa".

Neesa: "En la peor escena que hice (...) fui violada y abusada mental y físicamente. Fue la experiencia más horrible y degradante que he tenido. Estaba horrorizada y en shock".

Elizabeth Rollings: "Muy pronto mi agente empezó a

proponerme sexo fuera de escena (...). Me dijo que si no tenía sexo con él me saldría caro (...). Me amenazó una y otra vez y me dijo que me hundiría financieramente (...). Él no fue el único productor que me forzó a tener sexo fuera de escena".

Hay innumerables testimonios sobre el uso de violencia ante y tras las cámaras. La protagonista de la película porno más famosa de la historia, *Garganta Profunda*, relata cómo fue golpeada y grabó escenas a punta de pistola. "Cuando ustedes ven la película (...), están viendo cómo soy violada".

Rose Kalemba fue secuestrada y violada durante 12 horas cuando tenía 14 años. Después, encontró el vídeo de su violación en PornHub. Estuvo escribiendo durante meses a los responsables de la página para que dieran de baja el vídeo, explicando la situación. Solo cuando se hizo pasar por un abogado el vídeo se eliminó, después de obtener 400.000 visitas (de un total de 42.000 millones de visitas que obtuvo la página en 2019).

Estos vídeos se graban en todo el mundo y, como te imaginarás, son resubidos a los pocos días de que se eliminen. En los últimos años se han iniciado una y otra vez acciones legales contra páginas porno de todo estilo y tamaño por cargos similares.

Es más: en estados unidos, un estudio reciente de 2022 encontró que 1 de cada 12 (!) personas había sido víctima de lo que se llama *revenge porn*: vídeos íntimos que son distribuidos sin consentimiento de alguna de las partes.

En estas circunstancias, no te sorprenderá que el uso de drogas esté totalmente generalizado entre los actores y actrices. Drogas fuertes, drogas blandas… Piensa que muchas actrices son captadas todavía cuando son menores. Es común tener un historial de prostitución o abusos sexuales. Y aunque algunos pocos nombres hacen mucho dinero, es una industria dura para la mayoría.

Por supuesto, no estoy diciendo que todo sea blanco o negro. Hay actrices respetadas, que están en la industria no por falta de opciones, sino porque su trabajo está bien pagado y lo disfrutan.

Pero te sorprendería la cantidad de actrices que han sufrido abusos sexuales en su infancia y adolescencia. Las víctimas de abuso sexual tienden a desarrollar dos respuestas opuestas: o bien se resguardan de todo lo que tenga que ver con la sexualidad, o bien quedan totalmente obsesionadas con ella.

Es decir: algunas actrices disfrutan del sexo, otras disfrutan mucho, y una parte de ellas son simplemente mujeres traumatizadas.

Y se pone peor:

En 2020, un representante que participaba en un podcast, admitió que la LAPD (Policía de Los Ángeles) y el FBI no tenían capacidad para perseguir delitos de pornografía infantil que involucrasen a niños mayores de 5 años.

¿El motivo?

Estaban demasiado ocupados persiguiendo a los responsables de los vídeos con niños menores de 5 años…

En conclusión, la industria pornográfica es una de las más lucrativas, con una ridícula impunidad legal y con lazos con la prostitución, tráfico sexual y abuso de menores.

Cada minuto que inviertes consumiendo, estás alimentando esta monstruosidad.

Por supuesto, todos somos adultos. Uno puede investigar y decidir, según sus propios términos, hacer un consumo responsable de pornografía, si es que eso existe.

Para eso, obviamente, debes disponer de datos. Debes conocer ambas caras de la moneda.

Y ahora que tienes un panorama completo, podemos sumergirnos en la parte científica del libro.

Pero antes, te dejo con una historia real, una historia de toma de conciencia y superación, contada por una de las personas que más agradezco haber conocido en estos años.

2.7 TESTIMONIO

(Inalterado, por parte de un miembro de la comunidad)

Sumamente agradecido a mí mismo por haber progresado en todos los ámbitos de mi vida, y eternamente agradecido con Pablo por haber sido mi guía. No ha sido mi único guía, pero sí el primero en hacerme tomar acción para lograr cambiarme y poder entender a mis otros mentores. Me explico: yo puedo escuchar hablar de que la vida es un juego y que tengo todo el poder para cambiarla y conquistarla, pero si mientras escucho esto mi mente y mi energía están derrochadas por el PMO… poco se puede hacer.

Mi historia comienza a muy temprana edad. Desde pequeñito (y sobre todo en verano) pasaba largas horas frente al televisor o jugando al Pokémon Diamante, obsesionado por ganar más medallas. Poco a poco, empezó a entrar el porno a mi vida debido a los curiosos comentarios de mis compañeros de colegio. También pasaba horas jugando en mi computadora.

Por otro lado, sentía gran curiosidad por cómo funciona el mundo y por cómo había funcionado hasta ahora. Siempre me han interesado la política, la economía, la sociología y la historia.

Por todo esto, mi vida giró en torno a quemar dopamina como un loco, a un sentimiento de culpa por no rendir en mis estudios y a un interés cada vez más ferviente por la política, la historia mundial y, más adelante, por el desarrollo personal.

En cuanto a la quema de dopamina, no empecé a preocuparme hasta que conocí la ansiedad social por primera vez. La ansiedad es un sentimiento que me ha acompañado desde temprana edad debido a mi alta sensibilidad. Esta sensibilidad la llegué a repudiar en su momento, pero doy gracias al cielo día a día desde que fui consciente del gran tesoro que supone.

Por lo que a mis estudios respecta, siempre entendí que tragarse 6-7 horas diarias de teoría en clase y 1 o 2 más en casa para estudiar y avanzar tareas era lo que debía hacer. Pero también siempre lo repudié, y lo sigo haciendo. Me considero una persona auténtica. Cuando siento que algo conecta conmigo soy especial, brillo con luz propia y doy lo mejor de mí. Pero cuando algo no va conmigo... simplemente no rindo, y mucho menos si me siento obligado a ello. Pero no me malentendáis, no es que no rinda por rebelde o por mamón, es que no rindo porque de verdad no me surge, porque de verdad se diluye toda mi energía vital y se me acaban hasta las ganas de respirar. Repito, cuando el tema conecta conmigo, soy el mejor, o así me siento, que es lo mismo, creo.

En definitiva, en aquella época reinaban los malos resultados académicos y un gran sentimiento de culpa y frustración ante mi impotencia. Y ¿qué creéis que fue la herramienta para olvidarme de mi vida de mierda? Exacto, más estímulos distractores. Televisión, YouTube, videojuegos y porno, mucho porno. Nadie me había hablado del peligro de abusar de esto. Vale, me habían dicho más de una vez que era un vago y un mierda por evadirme constantemente, pero ni me entendían ni me daban soluciones concretas, solo culpa y reproches. Es por esto por lo que actualmente mi repudia hacia la educación en mi país es notable. Y no sólo por la educación, sino por los medios de comunicación, la política...etc.

Sólo había una asignatura que de verdad me apasionaba: la historia. También, a raíz de escuchar cierta música con alta carga política, empecé a interesarme con todo este desmadre de las ideologías. Paradójicamente, esta música la escuché en clase por primera vez, ya que unos compañeros expusieron algunas de estas a modo de presentación de un trabajo. Parece que algo útil pude sacar de las pifias de la educación. Con todo esto, finalmente llegué a una conclusión: la historia, la política, la economía… etc., eran temas de suma importancia para la sociedad y nadie les prestaba interés; todo lo contrario, lo rechazaban con una mezcla de miedo, ignorancia y prepotencia.

Como veis, siempre he ido a contracorriente, pero no por voluntad consciente (al contrario, yo quería encajar y ser como el resto) sino por un sentimiento, por un impulso que me negaba ciertas cosas y me señalaba otras como lo realmente relevante para mí.

Ese impulso siempre me ha acompañado, y me resuena especialmente cuando veo sistemas que no son sostenibles en el tiempo pero que se mantienen por alguna extraña razón. Me resuena cuando veo la incongruencia entre lo que dicen y hacen las mujeres, me resuena cuando escucho que las ambiciones de la mayoría se basan en salir de fiesta todo lo que puedan en su juventud, porque en el futuro no podrán hacerlo; y, me resuena cuando los medios de comunicación dejan caer cierta información y los espectadores sacan conclusiones con aire de altanería, como si no consideraran ni por un segundo la posibilidad de que esa era justo la reacción que buscaba provocar la vocecita del televisor.

Por último, también me resonó muchísimo cuando sentía que tenía un gran potencial para tratar con los demás pero, a su vez, mi voz mental me hablaba de los posibles peligros que podría conllevar el socializar con otros seres humanos. En parte, esta voz tenía razón y sólo quería protegerme, debido a que de verdad mi cerebro estaba colapsado por tanto PMO y demás estimulantes, así que mi sentimiento hacia ella es de gratitud: todo lo contrario que siento hacia las instituciones oficiales.

Pero de este impulso sólo podía sacar dos posibles conclusiones: o yo estaba loco y no debía darle tantas vueltas (como decían mis colegas), o de verdad algo se escondía detrás de todo esto. Y un día vino Pablo y me dio de golpes, no por mala onda, sino por quitarme toda posibilidad de pensar que estaba loco, y mostrarme que todo aquello que sospeché en algún recoveco de mi ser, de verdad tenía sentido.

Hasta que conocí el movimiento NoFap mi vida había sido un constante quiero y no puedo por relacionarme sin complejos ni ansiedades. Además, mi día a día se basaba en pasar horas detrás de una pantalla, lo que me causaba un bajo estado de ánimo, dolor de cabeza, estrés y apatía ante otros procesos de la vida lentos pero gratificantes. Todo esto me había convertido en una persona sin estima hacia sí mismo ni hacia la vida. Era paradójico: lo tenía todo, casa, comida, diversión, familia, amigos, buen clima... y, sin embargo, me sentía vacío y sin motivación.

Pero todo cambió el día que me topé con el desarrollo personal. Realmente no fue un día en concreto, sino un proceso en el cual empecé a investigar por qué me sentía vacío y desconectado tanto de mí mismo como de las demás personas.

Primero, comencé a investigar a través de los típicos blogs que salen de los primeros cuando se busca en Google. Este tipo de blogs no me ayudaron directamente porque no eran suficientemente profundos para abordar mis problemas de forma efectiva, pero al menos ampliaron mi mente con nuevos conceptos e ideas. Al mismo tiempo, también comencé a ver vídeos de YouTube, los cuales escuchaba como podcast mientras paseaba o entrenaba. Este tipo de contenido ya era más interesante, pero tampoco parecían dar con la tecla en mi vida. Seguidamente aparecieron los podcasts de desarrollo personal. Con toda esta información aprendí mucho en mis solitarios y largos paseos por mi ciudad, logrando expandir mi mente y obteniendo numerosas herramientas que todavía conservo y que repaso periódicamente desde una consciencia más avanzada.

Aun así, y a pesar de toda esta información de calidad, todavía no pude encontrar herramientas pragmáticas para elevar de una vez por todas mi nivel de vida.

Poco a poco, entre toda la información que consumía, comencé a escuchar hablar del NoFap pero nunca recibí la información suficiente como para motivarme a emprender este camino. Sin embargo, aquella sensación o intuición de la que os he hablado antes me volvió a resonar, una sensación de que quizá podía ser verdad lo de los efectos potenciadores que se le atribuían a esto del NoFap.

Finalmente, un día como otro cualquiera navegando por YouTube, encontré un vídeo que desembocó en un convencimiento de que de verdad valía la pena dejar el PMO. No fue un vídeo de Pablo, todavía, pero me ayudó a tomar consciencia de que dejar el PMO realmente podía valer la pena. A raíz de esto, comencé a investigar más, con la ilusión de poder dar por fin un cambio a mi vida.

Durante esta etapa me topé con varios youtubers españoles que hablaban del NoFap y que lo explicaban muy bien. En concreto tres. Pero he de decir que el que más me maravilló fue Pablo Zamit. Pablo Zamit y también Soaring Eagle a través de la locución de Pablo Zamit. Aún recuerdo esa musiquilla oriental que sonaba de fondo en los podcasts que me acompañaban durante mis rutinarios paseos. También recuerdo cómo escuchaba, con una mezcla de asombro e incredulidad, todo aquello de lo que hablaba Soaring Eagle y que Pablo canalizaba a través de una voz, que podría ser la de una especie de divinidad o la de un narrador de documentales de vida salvaje.

Todos los días escuchaba aquellos testimonios de personas que habían sufrido los efectos del exceso de PMO y, también escuchaba todos los ejercicios y soluciones que proporcionaba nuestro amigo oriental para mejorar nuestra salud a través de la medicina *tradicional china.*

El libro del Sistema D.A.S.T recuerdo que también fue de gran impacto para mí. Entender cómo funciona el proceso de secreción de testosterona y aprender cuán importantes son los principales neurotransmisores del cuerpo humano aumentó mi consciencia considerablemente en este aspecto. Gracias Pablo por tus horas de investigación puestas al servicio de quienes estén dispuestos a crecer.

La verdad es que mi sensación interna me decía que, pese a que no todo lo que contaban Pablo o Soaring Eagle eran verdades absolutas, había mucha verdad e información útil en sus palabras.

Recuerdo que los directos de Pablo eran lo mejor. Muy divertidos y útiles. Los macro grupos de Telegram también eran fascinantes. Pero, sobre todo, los cursos gratuitos fueron un gran impulso para mí, en todos los ámbitos de mi vida.

A partir de ese momento, ocurrió en mí lo que denomino la bola de nieve del desarrollo personal. Es un nombre un poco cutre, lo sé, pero me sirve para describir lo provocado por haber descubierto el movimiento NoFap y, como consecuencia, haber cambiado muchos otros ámbitos de mi vida.

Mejoré en el ejercicio, en la alimentación, en el sueño, en reducir la inflamación y el estrés... etc. Todas estas mejoras me llevaron a potenciar los efectos del NoFap a nivel hormonal, energético o cognitivo.

Como resultado, mi consciencia se amplió, mi bienestar se elevó, mi sociabilidad recobró la normalidad y, lo más importante, obtuve la confirmación de que el motivo real de mi infelicidad estaba en alguna clave que había estado pasando por alto todo este tiempo.

Esto me dio una motivación inmensa, ya que me di cuenta de dos cosas. Primero, que yo tenía el poder de escoger entre generar una vida increíble o destruirla, esto es: darme cuenta del gran cambio que supone dejar de ser víctima para convertirme en responsable.

Segundo: que, con todo este poder y conocimientos adquiridos, podía mejorar en todas mis áreas y lograr éxitos extraordinarios en todos los niveles.

Por esto, veo sumamente importante no limitarse a acumular días de racha, sino lanzarse a explorar y poner en práctica otras herramientas que puedan elevarnos como persona y puedan darnos mayor consciencia y calidad de vida.

En mi caso, desde que comencé con el NoFap, he cambiado y mejorado por completo mi dieta, eliminando alimentos profundamente inflamatorios y dañinos para mi salud. A esto le he añadido el consumo de suplementos como las vitaminas del complejo B, el magnesio, el potasio o la vitamina C que me han dado una mayor salud física y mental, directa e indirectamente (con un mejor descanso, por ejemplo).

También he cambiado mi mindset, lo que ha repercutido en mis emociones y en mi forma de ver el mundo, provocando que sea yo quien determine mi vida y no las circunstancias o la historia que mi cabeza me ha estado contando durante años entre bambalinas.

Ahora entreno, descanso, me oxigeno correctamente, tengo resistencia al sol y al frío y he cambiado para bien tanto a nivel externo como a nivel interno.

Sin embargo, esto no fue siempre así. Al principio me limitaba únicamente a contar días de racha, y lo entiendo. Cuando se está muy verde en tantas áreas, uno debe empezar por lo más básico.

Mi recorrido con el NoFap comenzó con los cursos gratuitos de Pablo que desembocaron en la compra del Sistema AntiFap. Empecé a aplicar los principios que aprendía día a día obteniendo poco a poco rachas más sólidas y significativas. Aunque me mantenía en el tope de los 7 días de racha, poco a poco iba a más en consciencia y profesionalidad en el reinicio. Soaring Eagle y los compañeros más experimentados del Sistema también me ayudaron mucho como refuerzo a aquello que aprendía de los cursos.

Fueron pasando las semanas y mi progreso seguía en aumento, pero quería resultados más rápidos y significativos sin modificar demasiado mi estilo de vida. Esto fue un error desde la base, pero de eso me di cuenta más adelante.

En ese momento mi idea era ganar más días sea como fuere y, en unos de los directos de Pablo, escuché de la Mucuna Pruriens. Un extracto de planta de origen indio al que se le atribuía la capacidad de aumentar rachas en Hard Mode como si nada. Resulta que este suplemento es un precursor de la dopamina y, la verdad es que es muy interesante, siempre que se use con cabeza. En mi caso no fue así.

Me dediqué a "hacer trampa" con mi racha de NoFap y, gracias a este suplemento, conseguí llegar a los 30 días mientras pasaba horas delante del teléfono móvil o del ordenador viendo YouTube o Instagram. Tampoco cuidé mi alimentación ni me dediqué a mejorar mi autocontrol mediante la meditación o el cambio de creencias.

Toda esta situación de falso progreso acabó desembocando en una racha de recaídas bastante importante. Esto me llevó a investigar mediante el taller de recaídas y otras herramientas los motivos de mi fracaso. Para empezar, entendí que esto no era un fracaso, sino una señal de que ese no era el camino. Además, me decidí por fin a bloquear todo tipo de contenido erótico, algo que, en mi opinión, creo innecesario cuando uno ya ha adquirido nivel, experiencia y, sobre todo, autoconsciencia. Sin embargo, en los casos de quienes recién comienzan en el NoFap, veo sumamente útil y beneficioso acabar totalmente con las posibilidades de recaer con contenido pornográfico.

Con todo esto, concluí que el NoFap no es un fin, sino un camino. En mi opinión, es mucho mejor enfocarse en la calidad del proceso que en acumular días de racha. Y que lo segundo sea consecuencia de lo primero.

Finalmente y bajo el consejo de Pablo, decidí dejar la Mucuna Pruriens y bloquear las redes sociales. Hoy en día utilizo este tipo de redes sociales porque creo que pueden ser sumamente útiles para aprender con contenido como el de Pablo y otros mentores, además de ser grandes herramientas para dar a conocer un producto o servicio propios. Sin embargo, recomiendo que, en un inicio, se sea muy estricto con el consumo de estas redes sociales, porque en cuanto se baje la guardia, la mente tratará de volvernos a confundir para que volvamos a recaer en adicciones.

Gracias a todas estas medidas, logré obtener hasta 2 meses de racha, algo que me hacía sentir muy orgulloso. Pero nuevamente, mis paradigmas pasados volvieron a conspirar en mi contra.

Llegaron las fiestas de Navidad y Nochevieja, y mis amigos y yo salimos básicamente a beber alcohol, fumar tabaco y hacer el mongolo. Como consecuencia, sufrí una nueva racha de recaídas en los días siguientes. Pero debo agradecer esta situación, ya que la vida, nuevamente, me estaba abofeteando para que despertase de una vez.

Quiero hacer una reflexión ante esto. Yo creo que no es nada malo tener una buena vida social pero, sin embargo, si uno no tiene la consciencia y el autocontrol suficientes como para poder disfrutar de la vida sin cometer excesos y tonterías, es mejor que se abstenga durante un tiempo de todo este desmadre. Yo tengo que agradecer profundamente al coronavirus haberme dado una buena excusa para dejar de salir tan frecuentemente. Una excusa para mí mismo, sobre todo; la verdad es que nunca me ha afectado demasiado la opinión de los demás acerca de mi estilo de vida.

En los siguientes meses, continué obteniendo buenas rachas, y reduciendo las recaídas. Tras los meses de febrero y junio, resulté con rachas de mayor calidad, aunque no logré igualar la rachas del invierno anterior en cuanto a número de días.

Tras esto, y durante el verano, no fui capaz de acumular demasiadas semanas de abstinencia seguidas debido a que, en mi caso, el verano me desata el deseo sexual mientras que, en invierno, me es más fácil mantener el autocontrol. A esto le sumo el aumento de tiempo libre debido a las vacaciones.

De todas formas, había logrado lo que, según yo, fue el mayor progreso de todos: reducir el impacto de las recaídas al mínimo, bloqueando el porno y recayendo de forma aislada.

Así continué hasta que, finalizado el verano, por fin obtuve lo que siempre había anhelado desde que empecé con el reto. Logré obtener la mejor racha de NoFap de mi vida.

Conseguí mantenerme todo el otoño, el invierno y principios de la primavera sin PMO y con un buen control de mi consumo de dopamina. Además, mis cambios en la dieta y en mi rutina presueño aumentaron aún más la calidad de mi reinicio. En total fueron algo más de 6 meses en Hard Mode. No solo me pasé el juego en modo difícil, sino que lo doblé. Esto fue algo muy potente para mí, porque sentí que era capaz de dejar el PMO de una vez por todas.

Durante esta macro racha, me sentía con mucha confianza, estable emocionalmente, rápido y fuerte a nivel cognitivo y con altas dosis de energía. Experimenté prácticamente todos los beneficios atribuidos al NoFap y la calidad de mi vida se elevó considerablemente en todos los aspectos.

Tras esta maravillosa etapa de mi vida, y durante un periodo en el que permanecí recluido en casa debido al mal tiempo (muy mal tiempo) tuve algunas recaídas aisladas.

Todo empezó porque, durante mi reclusión en casa, quise experimentar y comprobar si podía masturbarme de forma natural y sin impulsividad. El resultado es que se me complicó bastante la situación en los siguientes días. Algo que aprendí es que, cuando tengo sexo, me dan ganas de repetir en los siguientes días, y si estoy en soledad, es muy difícil mantener la fuerza de voluntad intacta. En ese momento, como digo, las tormentas azotaron mi ciudad por hasta dos meses, con solo uno o pocos días de tregua entre medio. Además, coincidió con dos grandes festividades que me llevaron a estar desocupado. Esto desembocó en ansiedad y en un exceso de entretenimiento. Y claro, una cosa llevó a la otra. Aun así, estaba orgulloso, porque las recaídas eran aisladas y mi aprendizaje aumentaba cada vez más.Tras este periodo, recobré la estabilidad en mi reinicio.

Y esto me lleva hasta el día de hoy. Actualmente, mi forma de pensar ha cambiado y mejorado muchísimo. Me he dado cuenta de que existen hábitos muy poderosos para incrementar el nivel del reinicio y de los que poco se habla en las comunidades NoFap. Uno de estos hábitos esenciales para mí es el cuidado de los ritmos circadianos mediante la exposición a la luz del sol. Despertar para ver el amanecer, exponerse al sol durante todo el día, ver el atardecer y, sobre todo, evitar a toda costa la luz azul. Esto es sumamente saludable.

Cuanto más se evite el contacto con luz azul aislada mejor, pero el requisito indispensable es no recibir luz azul tras la caída del sol. Cuando el sol cae, es muy importante dejar las pantallas y otras formas de luz artificial o, en su defecto, usar algunos trucos. Filtros de pantalla, luces rojas, gafas de filtro de luz azul o el fuego (velas, chimenea...) son buenas herramientas. La verdad es que mi salud ha mejorado mucho gracias al cuidado de mis ritmos circadianos. Esto, más una dieta baja en carbohidratos, más un consumo limitado de dopamina, más otras muchas cosas como el grounding, me han permitido alcanzar el mejor estado físico de mi vida.

Otro ámbito que me parece sumamente importante y en el que estoy trabajando apasionadamente es el cambio de creencias y nuestra relación emocional con el pasado, el presente y el futuro.

Creo que trabajar este ámbito es dar un portazo definitivo a autosabotajes y a las secuelas psicológicas que nos han podido dejar situaciones pasadas como la adicción al PMO y sus efectos secundarios. Por tanto, creo que es importante decidir ser responsables con todo lo que guardamos en nuestra cabeza para tomar las riendas de nuestras vidas. Voy a explicar esto con más profundidad:

Hablemos de los disparadores de PMO. He de destacar al alcohol y al contenido sugerente de redes sociales como grandes disparadores. ¿Grandes disparadores de una recaída de PMO, verdad? Pues no, yo diría que no. Creo que son grandes disparadores de heridas emocionales pasadas que regresan a la superficie. Además, estas heridas suelen ser el principal motivo para que uno se evada y acabe abusando de las redes sociales y de otros estímulos como el alcohol de forma vacía. La recaída en PMO es otra forma de evasión hacia algo de nuestra vida que nos causa malestar y que hemos aprendido a tapar con porno desde años atrás.

En definitiva, no creo que existan elementos de la vida que sean buenos o malos por definición, sino una forma más o menos consciente de relacionarse con la vida y con nosotros mismos. Y creo que la inconsciencia viene de la negación hacia una parte de nosotros que nos desagrada y no queremos ver.

Por todo esto, veo sumamente importante la práctica diaria de la consciencia y el profundizar en nosotros mismos para, de verdad, lograr un reinicio de calidad. Al principio, buscamos reiniciar para sentirnos mejor, pero después, y a medida que uno va ganando nivel, el NoFap debe ser una consecuencia mantenida en el tiempo de la autoestima y de una buena relación con nosotros mismos.

No tengo nada más que decir. Creo que, si estás leyendo esto, tienes muchas posibilidades de alcanzar una vida plena y abundante, así que alégrate y disfruta el proceso. Te deseo lo mejor.

3. CIENCIA

Un apunte antes de comenzar con esta sección:

Lo que los científicos descubran no condiciona mi decisión personal de evitar la pornografía y minimizar la eyaculación.

He experimentado durante años y sé perfectamente cómo me hace sentir, pensar y actuar una cosa u otra.

Si alguien quiere vivir en una fantasía donde tenemos que consultar la literatura científica para elegir el color de nuestras zapatillas, si bebemos *Cola Cao* o *Nesquik* o cuántas veces tenemos que frotarnos las manos al lavarlas, es libre de hacerlo.

Hemos alcanzado un punto en que, en nombre de *la ciencia*, nos tiramos a la cara estudios científicos que pocos leen y menos aún saben interpretar. Verás algunos ejemplos totalmente ridículos.

No obstante, me interesa la ciencia, y mucho. Me interesa saber por qué la retención seminal tiene este efecto en mí y en prácticamente cada hombre que la prueba.

Quiero saber qué pasa en mi cerebro cuando veo porno, cómo funciona mi sistema reproductivo.

Y si esta investigación te va a ayudar a tomar mejores decisiones en tu vida sexual... por mí encantado de compartirla.

Dicho esto, hemos de entender que, por fortuna, la mayoría de cuestiones relativas a la retención seminal no han sido puestas a prueba por la ciencia.

(*La Ciencia*, por cierto, no existe: existen los científicos, sus publicaciones e instituciones, siempre cambiantes, siempre heterogéneas. Huye cuando oigas hablar de 'consenso científico' o te digan que 'los científicos están de acuerdo' o 'la ciencia dice...'; eso son casos de extralimitación de funciones o estrategias para silenciar corrientes minoritarias).

Por suerte no tenemos estudios científicos concluyentes sobre retención seminal... porque esos recursos están mejor empleados curando el cáncer, por ejemplo. Si algún día nos podemos dedicar a demostrar todos y cada uno de los beneficios de la retención seminal, será una bonita época en la que vivir.

Lo que tenemos actualmente, en cambio, es un complejísimo puzzle con muchos indicios dispersos. Me hace mucha ilusión mostrarte lo que he descubierto: para mí es como guiarte en un parque de atracciones.

Y en cuanto a la cuestión de si la literatura científica nos avala, espero que al menos tengas la información como para decidirlo según tu propio criterio.

Esta parte del libro es, quizás, la más densa. Está dividida en tres capítulos:

El primero se centra exclusivamente en los efectos de la pornografía en el cerebro. Inevitablemente, entender esto pasa por desgranar los mecanismos de la adicción y el sistema de recompensa de nuestro cerebro.

El capítulo 3.2 es el corazón del libro, prácticamente un tratado de alquimia, donde voy a tratar de exponer una especie de 'endocrinología de la eyaculación'. En la Parte 1 he expuesto la lógica evolutiva que justifica la retención seminal como estrategia de biooptimización; este capítulo entra en detalle y describe todas las posibles explicaciones sobre lo que ocurre en nuestro cuerpo.

Por último, la Parte 3 cierra con un repaso del argumentario a favor de la masturbación. Analizaremos las pruebas científicas que presentan los que sostienen la 'teoría de la inocuidad', es decir: que la pornografía y la masturbación no tienen contraindicaciones.

3.1 CÓMO LA PORNOGRAFÍA AFECTA A TU CEREBRO

Es importante entender qué ocurre en tu cerebro cuando ves porno, ya que solo a partir de este conocimiento podemos tomar una decisión adulta y consciente.

Una vez tengas toda esta información en tu mano, cualquier determinación que tomes contará con mi apoyo, incluso si decides seguir viendo porno, ya que te habrás convertido en una excepción a nivel mundial.

Y me refiero al hecho de que, para empezar, la inmensa mayoría de consumidores de porno no saben qué están haciendo a su cerebro.

Muchos quedaron atrapados a raíz de una exposición a la pornografía a muy temprana edad (estamos hablando de niños de 8 años o incluso más jóvenes); los hay quienes vivieron la transición desde la 'vieja pornografía' a la nueva, en una época en la que apenas había estudios sobre el tema.

En esta sección, evitaré emplear términos con carga moral (ni siquiera he querido titularla 'Cómo la pornografía daña tu cerebro') y me ceñiré, siempre que sea posible, al léxico que empleen los responsables de los estudios citados.

Es usual que, cuando se debate el fundamento científico de cuestiones polémicas, cada autor seleccione la hoja de ruta más favorable, una narrativa que inevitablemente termine confirmando la postura que ya tiene.

Espero haber evitado esto presentando un panorama más amplio y completo. Empezaré por describir de la forma más amena posible el circuito de recompensas que los humanos llevamos instalado en el cerebro, y presentaré el debate sobre la adicción que sigue abierto entre las trincheras de la ciencia.

Como segundo paso, creo que el lector estará interesado en lo que, incorrectamente, se llama 'consenso científico' (el consenso y la ciencia son incompatibles), y que aquí presento como un 'estado de cosas' sobre la pornografía: un repaso somero a las conclusiones de los estudios más importantes, completos o recientes, y tanto a favor como en contra. Esta sección incluirá principalmente estudios observacionales.

Por último, presentaré algunos estudios más elaborados que, según yo entiendo, despejan muchas dudas y permiten establecer relaciones causales con mayor certeza.

***

¿Cómo definimos una adicción? Para algunos es evidente, pero para la mayoría es difícil dar con una definición sin caer en la incongruencia. Muchas personas juzgarían que ciertos patrones de comportamiento de, por ejemplo, un usuario de cocaína serían claros indicios de adicción, pero negarían rotundamente ser adictos a las redes sociales o la cafeína aunque exhiban exactamente los mismos patrones.

Una de tantas definiciones de adicción podría ser 'la repetición de un comportamiento o consumo de una sustancia de forma compulsiva y continuada a pesar del daño a uno mismo y a otros'. Tú mismo podrás enmendar o mejorar esta definición, encontrando muchas 'zonas grises'. No es mi intención que estemos de acuerdo en la definición, sino plantear un punto de partida.

Lo que está claro es que hay conceptos por los que nos interesa comenzar a investigar. Y cuando hablamos de comportamiento, recompensa y adicción, hemos de referirnos inevitablemente a la dopamina.

La dopamina es uno de los neurotransmisores, que se llaman así porque transmiten señales entre una neurona y otra. Y es uno de los neurotransmisores más importantes en el sistema de recompensa de nuestro cerebro.

Es importante matizar que la dopamina está más asociada al deseo de la recompensa que a las buenas sensaciones de la misma. Por ejemplo, si modificas genéticamente a ratones para que no puedan producir dopamina, no harán ningún esfuerzo por alimentarse aunque les dejes la comida a cinco centímetros. Pero si les pones la comida directamente en la boca, la masticarán y disfrutarán normalmente.

Dado el rol que tiene la dopamina, se ha venido usando como parámetro para medir el potencial adictivo de un comportamiento o sustancia. Por ejemplo, la cocaína aumenta la producción de dopamina en un 225% respecto a los niveles normales.

Y no es que todo aquello que aumente los niveles de producción de dopamina en el cerebro sea nocivo. De hecho, ya has visto con el ejemplo de los ratones que, sin dopamina, apenas podrías funcionar. Pero es imprescindible entender que, como todo en el cuerpo humano, el sistema de dopamina está sujeto a un equilibrio natural, y tiende a lo que llamamos homeostasis.

El procesamiento del placer y del dolor comparte varias zonas del cerebro para conseguir este equilibrio. Esto responde al principio de acción-reacción, y cualquier estímulo que altere el equilibrio en los niveles de dopamina, producirá un 'efecto rebote' en el sentido opuesto.

Cuanto más estimules la producción de dopamina en tu cerebro, más sufrirás la 'resaca'.

Una de las formas en que el cerebro se adapta a este fenómeno es la tolerancia o neuroadaptación. Cuando el mismo estímulo se repite, la recompensa es cada vez menor, de forma que tendemos a aumentar la dosis de ese estímulo para tener el mismo nivel de recompensa.

Así, nuestro equilibrio normal se rompe, y por eso la tolerancia es uno de los criterios que suelen emplearse para determinar si existe o no adicción. ¿Has ido aumentando la dosis o el tiempo de exposición gradualmente?

Un corolario de esto sería la anhedonia, la dificultad o imposibilidad de sentir placer por aquellas cosas que, antes de ser adictos, nos hacían sentir bien. Esto se produce porque, como propuso la neurocientífica Nora Volkow, el consumo de sustancias que estimulan fuertemente la dopamina produce un estado de déficit de la misma. Este déficit no es solamente un déficit de producción de dopamina, sino también los receptores de dopamina disminuyen en número y densidad (Volkow concretamente estudió los receptores D2).

A los estímulos que generan respuestas excepcionales y alteran nuestro equilibrio se les denomina superestímulos o estímulos supranormales. Este concepto fue acuñado por el premio

Nobel Nikolaas Tinbergen. En sus investigaciones, fue capaz de generar superestímulos para varios animales distintos, de tal forma que consiguió engañar a sus cerebros hasta el punto de que descuidaban a sus propias crías.

Es evidente que la pornografía online constituye un fenómeno de activación supranormal del cerebro (más sobre esto en adelante). Cuando se mide la actividad cerebral de los usuarios habituales, esta se dispara no solamente ante vídeos eróticos, sino ante cualquier elemento que asocien con ellos. Esto ocurre por el mismo fenómeno de condicionamiento que Pavlov demostró en sus experimentos con perros.

Cuando estamos condicionados a asociar recompensa y estímulo, nuestro cerebro anticipa el placer que espera obtener. Digamos que estás navegando tranquilamente por Internet y ves un anuncio erótico. Tu cerebro ha asociado esa información visual con la pornografía y la masturbación, y en cierto sentido recuerda los altos niveles de dopamina que has conseguido por este medio. Así que, momentáneamente, tus niveles de dopamina aumentan.

Pero acto seguido disminuyen por debajo del umbral al que estés habituado. Eso es lo que te hace necesitar la recompensa final, lo que te motiva realmente a actuar. Cuanto más bajos sean tus niveles de dopamina en este momento, peor te sentirás. Cuanto peor te sientas, más estarás dispuesto a trabajar por conseguir tu recompensa. Por eso solemos insistir tanto (como verás más adelante) en la necesidad de instalar algún bloqueador de contenido erótico en tus dispositivos. La sociedad ya está bastante sexualizada como para también estar bombardeado por esos estímulos cuando estás trabajando o en casa.

Conozco un caso que ilustra muy bien lo que estamos explicando. Este compañero tenía una forma muy peculiar de recaer: creaba perfiles nuevos en redes sociales haciéndose pasar por otra persona, e iniciaba conversaciones con chicas lesbianas. Se estimulaba mientras tenía estas conversaciones, y así durante horas. Después de alcanzar el orgasmo, el efecto rebote le hacía sentir tan bajo de energía que lo único que podía hacer durante varios días era estar en la cama.

Por este motivo, siempre es un avance pasar de la masturbación con porno a la masturbación sin porno. Como veremos en el siguiente capítulo, eyacular pasa factura siempre; pero los circuitos asociados a la recompensa en tu cerebro crecen, se hacen más fuertes y se interconectan más cuanto mayores sean los niveles de dopamina, y el porno lo que consigue es precisamente eso.

Si insisto tanto en proteger a los niños de estos estímulos es porque, de alguna forma, estos circuitos nunca mueren del todo. Tu cerebro siempre va a recordar los superestímulos. En un experimento con ratones, se les administró cocaína durante varios días seguidos, y se registró su comportamiento. Después de un año entero, volvieron a darles cocaína, y los ratones se comportaron igual que el último día. Es decir, aunque no habían tomado la sustancia durante un año, su cerebro seguía sensibilizado dado el enorme nivel de recompensa que había recibido.

Por ese motivo muchos adictos, por mucho tiempo que consigan dejar la sustancia o el comportamiento en cuestión, cuando recaen vuelven a sus viejos patrones. Es importante no confiarse nunca y crear un estilo de vida nuevo.

Este nuevo estilo de vida debe implicar, necesariamente, aprender cosas nuevas y exponerse a nuevos ambientes. Edith Sullivan, neurocientífica experta en adicciones, explica que, dada la estrecha relación que existe entre la dopamina y el aprendizaje, para un adicto es muy difícil aprender cosas nuevas. Sin embargo, durante el proceso de recuperación, crear nuevas conexiones neuronales aprendiendo y experimentando mejora nuestras posibilidades.

Más arriba, he puesto como ejemplo de superestímulo a la cocaína; en un estudio realizado en el año 2000, se encontró que, en los cerebros de adictos a esta sustancia, la exposición a videos pornográficos desataba una respuesta prácticamente igual.

De la misma manera, el cerebro de los adictos a la pornografía cuenta con un menor número de receptores de dopamina, uno de los mecanismos con los que el cerebro se defiende de la sobreestimulación.

Un argumento común de quienes niegan que exista tal cosa como una 'adicción a la pornografía' es que estos adictos nacieron con un menor número de receptores o han sufrido daños neurológicos por otra causa. Es decir, que ciertas personas son propensas al consumo disfuncional de pornografía, pero no por el potencial daño causado por esta.

Y aunque es cierto que existen diferencias poblacionales, a veces de origen genético, en el número de receptores de dopamina, sabemos que, cuando se deja de consumir porno (como con cualquier sustancia adictiva), el número de receptores y otros rasgos neurológicos se recuperan.

Existe un viejo debate acerca de si las adiciones del comportamiento son realmente adicciones. En el origen de este debate está la ludopatía. Cuando uno apuesta, no ingiere ninguna sustancia, como cuando fuma o esnifa. Lo mismo cuando uno consume pornografía.

Aunque el debate sigue abierto, hace años que la *Asociación Americana de Medicina de la Adicción* trata de la misma manera todas las adicciones. Por supuesto, hay otros organismos y profesionales competentes que no opinan lo mismo. Es común leer que nuestra postura solamente es defendida por personas que no tienen un verdadero bagaje científico, pero no hay más que realizar una búsqueda superficial para darse cuenta de que no es así.

La postura más común se basa en el hecho de que las funciones y estructuras implicadas en los distintos tipos de acción es esencialmente la misma. En términos prácticos, una revisión de 2014 encontró que, entre los efectos secundarios de varios agonistas de la dopamina que se usan para distintos tratamientos, se daban la hipersexualidad, la ludopatía y las compras impulsivas.

Otro argumento muy convincente tiene que ver con la

proteína *DeltaFosB*. Esta proteína es una de las mediadoras de la adicción, y puede detectarse en adictos de todo tipo. Aproximadamente tras 90 días sin exponerse a la sustancia o comportamiento, esta proteína deja de detectarse (por eso es tan famoso el reto de 90 días sin pornografía ni masturbación); pero si la inyectas a un ex adicto, volverá rápidamente a sus hábitos adictivos. Esta proteína cumple roles relacionados tanto con el condicionamiento sexual como con la adicción de drogas.

En ratones, se han podido medir con mucha precisión los altos niveles de dopamina que se generan simplemente con la estimulación sexual. La pornografía online genera una producción de dopamina todavía mayor, gracias a un mecanismo que se conoce como *Efecto Coolidge*.

El *Efecto Coolidge* consiste en una renovación repetida de la respuesta sexual tras exponer a un sujeto a sucesivas parejas sexuales. El tiempo de latencia (cuánto tarda en eyacular el macho) aumenta con cada repetición del acto sexual. Una vez alcanzada la saciedad, el macho no muestra interés en la hembra; pero si una nueva hembra se introduce en el ambiente, su excitación sexual se renovará (de hecho, en al menos un estudio he encontrado que el volumen de semen eyaculado depende, entre otras cosas, del tiempo que haya pasado desde la última relación que has tenido con esa chica).

Este *Efecto Coolidge*, efectivamente, está mediado por el flujo de dopamina en el cerebro.

Aunque el *Efecto Coolidge* se da en ambos sexos, es más bastante más pronunciado en hombres. Esto puede explicarse porque la estrategia reproductiva por defecto en hombres y mujeres es distinta. Dado el alto coste de la gestación para las mujeres (como hemos analizado en la Parte 1), estas son más selectivas y tienden a preferir a un menor número de hombres (se teoriza que son los hombres de mayor valor social o estatus al suyo, en lo que se conoce como hipergamia); mientras, los hombres encuentran atractivas a una mayor proporción de mujeres.

Estas diferencias entre el comportamiento sexual de hombres y mujeres no se explican por sus distintos niveles de hormonas. Una pregunta común que recibo es si todas estas cuestiones aplican igualmente a mujeres; es evidente que algo llamado 'retención seminal' no aplica a mujeres. No obstante, los efectos neurológicos de la pornografía son esencialmente los mismos, y por tanto existe la posibilidad de la adicción y sus efectos asociados.

El *Efecto Coolidge*, por cierto, explica el modus operandi que los hombres solemos seguir al consumir pornografía online: abrimos varios vídeos distintos, muchas veces ni siquiera terminamos de verlos, y seguimos buscando material nuevo en medio de la sesión.

Si este condicionamiento alcanza niveles avanzados, el cerebro será capaz de distinguir estímulos sexuales naturales de estímulos pornográficos. En esta fase de la adicción, es común que los hombres sean incapaces de conseguir excitarse o tener erecciones en situaciones sexuales naturales, y solo lo consigan con estimulación pornográfica.

También es cada vez más común la disfunción eréctil producida por pornografía (*PIED* por sus siglas en inglés). Esta se explica por la estrecha relación que hay entre la dopamina y el estímulo pornográfico: la dopamina también juega un rol importante en las erecciones (algunos agonistas de la dopamina pueden producir priapismo, una erección constante).

De hecho, en los años 90, la incidencia de disfunción eréctil en hombres menores de 40 años era de entre un 2-5%; en 2011 era de entre 14-28%.

***

Repasemos ahora las conclusiones de un gran número de estudios que, generalmente, se realizan mediante encuesta. Esto solo nos mostrará qué tipo de tendencias estadísticas está encontrando la comunidad científica. No nos permite extraer sino conclusiones superficiales, que deberán ser complementadas con el estudio de qué ocurre realmente en el cerebro cuando se consume pornografía a corto y largo plazo (y que conoces ya parcialmente).

En 2021, la *Revista Española de Salud Pública* emitió una revisión de 14 estudios. Se concluía que "el consumo de pornografía *mainstream* puede tener una repercusión a corto y largo plazo en la salud sexual de los/las [sic] adolescentes". Entre los estudios que se revisan, varios han llamado mi atención:

·En un estudio realizado con más de 4000 estudiantes universitarios de Polonia, el 15% de ellos se autodeclaraban adictos a la pornografía. Casi un 25% declaraba que la relaciones sexuales había disminuido. Y lo más revelador, según entiendo: los síntomas negativos eran más probables entre estudiantes cuya primera exposición a la pornografía había sido antes de los 12 años, mientras que aquellos que no habían visto porno hasta los 16 presentaban menos de estos problemas.

·Otro estudio de 2019 en el mismo país apunta a que la pornografía puede afectar a las relaciones sociales, salud mental y rendimiento sexual. Encuentra el mismo riesgo acentuado tras la exposición temprana (12 años o menos).

·Estudio de 2016 entre adolescentes holandeses reconoce que son vulnerables ante el potencial desarrollo de conductas compulsivas respecto al sexo, y asocia la baja autoestima y el malestar psicológico con las probabilidades de uso compulsivo de pornografía.

·Entre universitarios españoles, sin embargo, un estudio de 2017 encontró que solo un 1% de los usuarios coincidía con un perfil patológico.

Otra revisión (que no se incluye en esta publicación de la Revista Española de Salud Pública) encuentra que, con métodos de clasificación alternativos, solo existe uso problemático de la pornografía como máximo en un 8% de casos.
Sobre disfunciones sexuales, una encuesta entre pacientes de

una clínica de urología encontró que la calidad de la erección era menor entre hombres que solían masturbarse viendo porno respecto a quienes no lo veían, mientras que la calidad era significativamente mayor entre los hombres que preferían tener relaciones sexuales con sus parejas sin que mediase el porno.

***

Un paso más allá en nuestra investigación consistirá en revisar metaanálisis. Este tipo de estudios somete a un gran número de análisis a una revisión exhaustiva, sometiéndolos a un criterio exigente, para determinar si en conjunto permiten encontrar relaciones relevantes o no.

·Un metaanálisis de 2015 (22 estudios en 7 países) encontró una relación entre consumo de y violencia sexual física y verbal; otros de 2017 encontró conclusiones similares. Sin embargo, el más reciente, de 2022, obtuvo conclusiones contrarias.

·Un metaanálisis de 50 estudios encontró que el consumo de pornografía estaba asociado con "una menor satisfacción interpersonal", especialmente en hombres.

·Otro metaanálisis de 2017 encontró una asociación moderada entre la cantidad de pornografía consumida y la probabilidad de comportamientos problemáticos en relación a la misma. Encontró que el mayor factor predictivo de un uso problemático era la frecuencia, más que el tiempo total de uso.

·Un metaanálisis, aunque más reducido, determina que los adictos a la pornografía se benefician de un protocolo de Terapia de Aceptación y Compromiso, igual que en cualquier otra adicción.

·46 estudios fueron incluidos para analizar los efectos de la pornografía en niños. Además del potencial adictivo, los investigadores encuentran problemas de impulsividad, regulación emocional, y problemas de memoria y toma de decisiones.

Conforme los estudios sobre los efectos del porno se vayan acumulando, metaanálisis más precisos podrán arrojar luz sobre todos los fenómenos que hemos nombrado hasta ahora. Pero probablemente confirmen la tendencia que hemos encontrado hasta ahora.

***

Repasemos, por último, algunos estudios que he seleccionado por tener un diseño admirable o porque arrojan conclusiones especialmente interesantes.

·El primero de estos estudios es de octubre de 2020, y su objetivo era obtener un perfil de adicción a la pornografía entre niños empleando lecturas de electroencefalograma y otras tecnologias. Los investigadores concluyen que la adicción a la pornografía hará a estos niños más impulsivos, les producirá problemas en la toma de decisión, regulación de las emociones y problemas de memoria.

·El siguiente estudio es de 2014, se realizó en el instituto max planck de Berlín, y analizó la estructura cerebral de 64 hombres con distintos hábitos de consumo de pornografía; midiendo distintas zonas del cerebro empleando morfometría basada en vóxel y escáneres de resonancia magnética. Cuántas más horas semanales de consumo de porno declaraban los hombres, menos materia gris presentaban en el núcleo caudado derecho, y menor activación en el putamen izquierdo. La hipótesis principal que barajan los investigadores es que la exposición intensa a material pornografico desensibiliza la respuesta neuronal natural a los estímulos sexuales; aunque también es posible que este rasgo sea una precondición que haga más placentero el consumo de pornografía, sin embargo, otro estudio de 2012 ya había encontrado que, con abstinencia y tratamiento, los síntomas de este tipo de adicciones mejoraban, descartando en principio la teoría de que los daños neurológicos sean realmente una precondición de la adicción a la pornografía y que es la exposición la causante de los efectos negativos. Otro análisis de 2020 revisa 3 estudios donde se emplea la abstinencia con resultados positivos en personas con consumo problemático de pornografía.

·El tercer estudio, también de 2014, engloba la adicción a la pornografía dentro de las 'adicciones a Internet', y encuentra, también, una menor presencia de materia gris en distintas áreas del cerebro asociadas a la planificación, el control de impulsos, los mecanismos de recompensa, y la empatía.

·En cuarto lugar tenemos un libro muy interesante sobre neuroplasticidad, *The Brain that Changes Itself*, que desarrolla el mecanismo según el cual cuando una persona asocia constantemente la sensación de excitación sexual con la experiencia de consumo de pornografía, finalmente debilita los circuitos naturales de recompensa sexual que nos permiten asociar la excitación con una persona o una experiencia real (como hemos visto anteriormente).

·El quinto estudio es muy revelador, porque nos habla de un caso de adicción a la pornografía tratado con naltrexona, un medicamento que específicamente altera la respuesta de la dopamina en ciertas adicciones, lo cual confirma la idea principal acerca de la adicción a la pornografía: su capacidad para alterar el sistema de dopamina del usuario.

·El sexto estudio es sobre consumo de pornogarfía y disfunción eréctil. En este estudio se analizó el cerebro de pacientes con disfunción eréctil cuyo origen no se había podido asociar con ninguna condición física; ese análisis reveló una presencia menor de materia gris en el centro de recompensa y las zonas del hipotálamo relacionadas con la sexualidad, lo cual implicaba una menor señalización de la dopamina.

·Un artículo de 2020 para la *Journal of Pediatric Health Care* analizó los riesgos de la exposición de niños y adolescentes al material pornográfico: son, entre todos, más propensión a cometer agresiones sexuales, confusión de género, cosificación de la mujer, cambios cerebrales y propensión a adicciones a Internet y la pornografía.

·Este estudio de 2017 analizó el cerebro de hombres que buscaban ayuda por un uso problemático de pornografía, obteniendo imágenes por resonancia magnética funcional. Se observó que los mecanismos neuronales asociados eran equiparables a los que protagonizan otras adicciones conductuales o a sustancias.

***

Esta sección podría tener diez páginas más o diez páginas menos, pero a septiembre de 2022 las pruebas acumuladas son tan numerosas, que es difícil encontrar objeciones razonables a las conclusiones obtenidas:

La pornografía online tiene un gran potencial adictivo, y produce daños en el sistema de recompensa del cerebro, con síntomas como conducta hipersexual, bajo control de impulsos, desregulación emocional, falta de motivación y energía, disfunciones sexuales, dificultades en la memoria y el aprendizaje, etc.

De lo expuesto en este capítulo podrás quizá deducir que es bueno para ti dejar de consumir pornografía. Demos un paso más: ¿será bueno también dejar de eyacular?

3.2 EL PRECIO DE LA EYACULACIÓN

Esta es la parte del libro donde, quizás, empieces a pensar:

-Esto ha ido demasiado lejos...

Y al terminar de leerla, algo así como:

-No voy a volver a eyacular nunca más.

Ya me dirás si me equivoco.

Para quien realmente quiera verlo, no es difícil comprometerse con dejar la pornografía: nadie quiere contribuir a algo tan oscuro, los efectos negativos sobre el cerebro son fáciles de entender (ya que se trata de un estímulo totalmente artificial), y una vez te das cuenta de que estás mirando a otras personas tener sexo a través de una pantalla… no es algo de lo que estés precisamente orgulloso.

Pero la masturbación… es algo natural, ¿no?

Bueno, en el siguiente capítulo verás qué papel tiene la masturbación realmente en la naturaleza. No te adelanto nada.

En este, vamos a analizar qué ocurre realmente cuando eyaculas.

Te habrás dado cuenta de que este no es un libro de medicina. No incluye recomendaciones sobre salud. Nadie te está diciendo que por eyacular vas a caer enfermo. Tampoco enfermarás por un cigarrillo, una copa o una pizza.

Este es un libro de desarrollo personal. Es para hombres que quieren desarrollar su máximo potencial en una o varias facetas de su vida.

Cuando eyaculas, estás:

1) Produciendo una serie de adaptaciones neuroquímicas en tu sistema nervioso que limitan tu rendimiento hasta que te recuperes.

2) Pagando un coste de oportunidad porque, de nuevo,

la retención seminal genera adaptaciones neuroquímicas positivas que, si eyaculas con cierta frecuencia, nunca experimentarás.

3)   Deshaciéndote de múltiples sustancias preciosas que tu cuerpo ha destilado costosamente para que pudieran formar parte del semen.

Por ponerte un ejemplo, todos hemos tenido la experiencia de usar algún aparato o dispositivo electrónico con un componente averiado: todavía es útil, pero los resultados son deficientes.

Así que quiero que entiendas a qué estás renunciando cuando eyaculas.

¿Qué hay en el semen?

Imagina que te hicieran correr en una cinta durante 2 horas, totalmente desnudo. La cinta está colocada estratégicamente sobre una tina que recoge y analiza en tiempo real tu sudor.

Cuando termina el ejercicio, los científicos reúnen todo el sudor en un frasco, y determinan que aquello y solo aquello es lo que tu cuerpo pierde al hacer dos horas de ejercicio.

Con esta lógica operan muchos de quienes cuestionan el precio de la eyaculación: solo se pierde lo que se puede observar en el semen. En su ánimo por sumarse a la doctrina no se dan cuenta de que no basta con analizar el producto final, sino todo el 'coste de producción'.

Siguiendo con nuestro ejemplo, los científicos habrían obviado las calorías requeridas para ejercitarse durante 2 horas, el desgaste muscular y los procesos que permitirán repararlo, o el magnesio evaporado con el sudor, entre otras cosas.

He visto a profesionales de la salud ridiculizar a otros creadores de contenido por señalar el gran valor de los compuestos que desperdiciamos eyaculando. Estos profesionales se centran en elementos como las proteínas o la fructosa que, efectivamente, son fácilmente reemplazables. Pero pasan por alto otros muchos compuestos, por no hablar de los procesos necesarios para obtener el producto final.

En este capítulo vamos a seguir el proceso de producción del semen en detalle. De esta forma, serás plenamente consciente de lo que dejas salir cuando eyaculas, y estarás en mejor disposición de decidir.

Como nota previa, tengamos en cuenta que enumerar todos los compuestos existentes en el semen y explicar cómo se generan tomaría un volumen aparte. Esto es obvio para quien se moleste en echar un vistazo algo más que superficial a la literatura científica.

No confíes en publicaciones donde se ocupa un único párrafo en enumerar los nutrientes del semen, los firme quien los firme.

Pero empecemos por el principio...

Producción del semen

Aunque a veces se utilizan semen y esperma como sinónimos, conviene aclarar la siguiente fórmula:

Semen (lo que eyaculas) = plasma seminal (~95%) + esperma (células sexuales) (~5%).

El esperma es aportado por testículos y epidídimo, y es donde propiamente están los espermatozoides, mientras que el plasma seminal constituye una mezcla a la aportan distintas glándulas sexuales.

Esto nos lleva al primer malentendido, ya que una de las preguntas que recibo con más frecuencia es: ¿dónde va el semen si no eyaculo? Lo cierto es que el semen como tal no se forma completamente hasta los momentos previos a la eyaculación.

Una cuestión distinta es cuando se produce estimulación sexual (solo o acompañado) y las glándulas secretan sus respectivas partes, pero uno se detiene antes de eyacular. También analizaré este caso.

Ahora veamos en detalle qué hay exactamente en el semen. Esta sección es meramente expositiva, ya que necesitas tener estas referencias para que analicemos los componentes del semen en profundidad:

Dentro de los testículos, en los tubos seminíferos, esperan las espermatogonias, células madre que sufrirán un largo proceso hasta convertirse en espermatozoides desarrollados.

Este proceso completo de maduración toma unos 60 días, hasta que los espermatozoides aprenden a 'nadar' y pueden salir del testículo y el epidídimo. Concretamente, el margen es entre 48 y 74 días.

Partiendo de este indiscutido hecho, cualquiera que sugiera que 7, 14, 21 o 60 días de retención seminal entrañan un peligro para la salud, debería argumentarlo sólidamente.

De hecho, se sabe que, tras varias eyaculaciones, ya no habrá esperma en el semen. Y al menos en un estudio, tras un período de 10 días eyaculando entre 2 y 4 veces por día, el volumen espermático y la concentración de esperma tardaron unos 5 meses en recuperar los valores previos.

En las paredes de los tubos seminíferos dentro de los testículos están las células de Sertoli. Estas células transportan y nutren a los futuros espermatozoides, y son estimuladas por la hormona folículoestimulante (en adelante, FSH); además, forman una barrera, llamada barrera hematotesticular (quizás estés más familiarizado con la barrera intestinal o la barrera hematoencefálica).

Una vez listos, los espermatozoides se acumulan en el epidídimo, una estructura acoplada a la parte superior de los testículos; para salir del escroto, deberán recorrer el conducto deferente: este conducto es el que se secciona en una vasectomía.

En la eyaculación, entre 150 y 600 millones de espermatozoides son expulsados.

El plasma seminal es aportado por próstata, epidídimo, glándulas periuretrales, glándulas bulbouretrales, conductos deferentes, y vesículas seminales.

Estrictamente, el plasma seminal empieza a acompañar al esperma en el epidídimo, cuya textura apelotonada permite distinguirlo de los testículos fácilmente al tacto.

El epidídimo contribuye al plasma seminal con el fluido de cauda epididimal, que asiste en la maduración del esperma.

El grueso del plasma seminal (~60-70%) es aportado por las vesículas seminales, situadas tras la pared anterior del recto, a la altura de la vejiga. Su fluido es rico en fructosa, la fuente de energía del esperma. Contienen la enzima 5alfa-reductasa, que convierte la testosterona en un andrógeno mucho más potente: la DHT. También posee receptores para la hormona luteinizante (LH).

Las vesículas seminales y la próstata comparten riego sanguíneo. La próstata es un órgano relativamente ligero (máximo 30 gramos), también capaz de convertir la testosterona en DHT. El fluido prostático es esencial en la fertilización, y constituye aproximadamente un tercio del volumen eyaculado. Su función está regulada por diversas hormonas, principalmente testosterona, DHT y prolactina, pero también estradiol (la hormona estrogénica más potente).

Este órgano es sumamente importante en la producción y liberación de hormonas (aunque la mayor parte no se produzca en la próstata, los niveles circulantes de DHT sí dependen de su función). Macht y Bloom, en los años 20, diseñaron experimentos con ratones a los que extirpaban la próstata; no solo no expresaban totalmente sus atributos masculinos y niveles de andrógenos esperados, sino que mostraban una curiosa debilidad en sus patas traseras.

La próstata contiene numerosos receptores para el zinc; unos niveles adecuados aseguran un correcto metabolismo en este órgano, mientras que niveles altos de prolactina (que aumenta tras la eyaculación) o bajos de testosterona los dificultan.

Las glándulas periuretrales, como su nombre indica, se sitúan en las paredes de la uretra. Lubrican sus paredes con una mucosa que facilita el paso del semen y acaba formando parte del mismo. También aportan oxitocina al volumen eyaculado, la cual interactúa con los tejidos femeninos.

Por último, las glándulas bulbouretrales (o glándulas de Cowper) producen, bajo excitación, el líquido preseminal, que también lubrica y prepara la uretra para la eyaculación. Si existe una deficiencia de testosterona, este líquido puede no producirse; en cambio, cuando se produce en exceso, puede deberse a niveles altos de DHT, ya que en algunos casos se ha encontrado que inhibir la enzima que convierte testosterona a DHT disminuye el volumen de fluido preeyaculatorio.

Análisis de los componentes más importantes del semen

Esta es la sección que más versiones ha tenido del libro, ya que en un principio yo también me dejé guiar por el conocimiento superficial de algunos profesionales de la salud.

Pero conforme iba descubriendo nuevos compuestos, que a su vez me llevaban a otros, me di cuenta de que describirlos todos sería desmesurado.

Como dije, hace falta un libro dedicado exclusivamente a describir los componentes del semen, sobre todo para pormenorizar su procedencia. Sin embargo, el excesivo interés que despiertan los nutrientes que pueda o no haber en el semen me parece desacertado. Primero, por el enorme reduccionismo que implica (y que he expuesto más arriba); segundo, porque me parecen más significativas las adaptaciones neuroquímicas que conocerás más adelante.

He optado por seleccionar aquellos elementos que se encuentran en cantidades significativas en el semen, aquellos que te harán pensártelo dos veces antes de eyacular. Además, haré menciones especiales a ciertas sustancias que, por su potencia, conviene citar igualmente.

Hemos de ser honestos con nuestra investigación y no exagerar la densidad nutricional del semen. La gran mayoría de nutrientes se encuentran en concentraciones irrelevantes; pero, repito, este debate es superficial.

He aquí el prospecto. Sin ningún tipo de orden...

Colina

La colina es el precursor de uno de los neurotransmisores, la acetilcolina. Desde los años 50, el semen es considerado una de las fuentes con mayor concentración de colina.

Uno de sus compuestos, la GPC (glicerofosfocolina, presente en el semen), se utiliza como nootrópico, ya que, cuando cruza la barrera hematoencefálica, aumenta significativamente los niveles de colina en el cerebro. También, como suplemento, se usa para aumentar la longevidad y estimular la hormona de crecimiento.

La GPC hallada en el semen se produce en el epidídimo, y solo se encuentra, además, en el cerebro y en la leche materna.

Además de GPC, se han identificado en el semen colina libre y otro compuesto, fosfocolina.

Esteroides

En el plasma seminal se han encontrado 41 esteroides distintos. Esta presencia es totalmente ignorada por divulgadores y algunos profesionales de la salud, que solamente prestan atención al hecho de que, efectivamente, la concentración de testosterona en el semen es relativamente baja; no obstante, la concentración de otros esteroides es superior a los niveles en el plasma sanguíneo.

De hecho, aunque la concentración de testosterona en el semen es un 10% respecto al plasma sanguíneo, en este medio parte de la hormona suele ser inutilizada al unirse a fijadores de hormonas, por lo que la concentración absoluta en el semen - sería mayor.

Casi el 50% de estos esteroides en el semen son andrógenos (como la misma testosterona); el 20% son corticoesteroides (que influyen en la síntesis de testosterona), y el resto son estrógenos, progestágenos, y derivados del ácido cólico.

Aunque la mayoría de estos esteroides se encuentran en el plasma seminal, también los hallamos en los mismos espermatozoides (incluso aunque se laven varias veces). Los espermatozoides no solamente 'atrapan' estos esteroides, sino que son capaces de metabolizarlos.

Zinc

El zinc es un elemento traza esencial en la salud sexual y reproductiva del hombre. Su deficiencia impide la espermatogénesis y dificulta la producción de testosterona. Más de 300 enzimas dependen del zinc para su correcto funcionamiento.

El 90% del zinc del cuerpo humano se encuentra en huesos y músculo, pero la mayor concentración de entre todos los fluidos se encuentra en el semen. También hay una alta concentración en los testículos que sirve como protección, además de regular algunas funciones como la producción de testosterona y la espermatogénesis.

Espermidina y espermina

La espermidina, esencial para la supervivencia de la célula, regula la longevidad en mamíferos a través de mecanismos aún no clarificados; sí sabemos que incrementa la longevidad en ratones en un 10% e imita la restricción calórica.

La espermidina se encuentra principalmente en la sustancia blanca del cerebro y en el sistema nervioso periférico, pero fue aislada originalmente en el semen (de ahí su nombre).

Es una precursora de la espermina, la poliamina que aporta al semen su olor. Esta está altamente presente en la materia gris.

Transcobalamina

Este polipéptido forma complejos con la vitamina B12. El potencial de transporte del semen, dado sus niveles de transcobalamina, es 200 veces superior al de la sangre; potencialmente, el semen puede proporcionar un tercio de la cantidad diaria requerida de B12; probablemente su función tenga que ver con el hecho de que la placenta tiene una enorme densidad de receptores para el mismo tipo de transcobalamina seminal.

Otro de los fluidos más ricos en transcobalamina es el líquido cerebroespinal.

Fosfatasa ácida (enzima)

Aportada por la próstata, sus niveles en el fluido seminal son 400 veces superiores a cualquier otro fluido del cuerpo; su concentración gramo por gramo es 1000 veces superior en la próstata humana que en la del ratón.

Prostaglandinas

Su nombre se explica porque, en origen, se pensó que provenían de la próstata, ya que se detectaron en este órgano. Son sustancias extremadamente potentes, producidas por casi todas las células del cuerpo y responsables de numerosas funciones.

Su concentración en el semen es altísima (la mayor de todos los fluidos). En total, hay 1 mg de prostaglandinas en el fluido eyaculado. Su potencia es tal que pueden inducir el parto en mujeres en estado de gestación avanzada, y derivados sintéticos de las prostaglandinas se emplean precisamente para eso. También forman parte de algunos cosméticos, como los crecepestañas.

La reabsorción del semen

Hemos establecido que, stricto sensu, el semen no se acumula, porque solo una alta estimulación sexual moviliza las glándulas implicadas en formarlo.

No obstante, ¿qué pasa con el esperma? ¿Se reabsorbe o desecha? Y ¿cómo?

En el transcurso de una entrevista que me propuso Omar Meilán, hice un comentario sobre este fenómeno que terminó convertido en short de Youtube. Unas 70.000 personas llegaron a verlo.

Entre ellas, al parecer, había un profesional de la salud que, según dijo, había mostrado mi vídeo en una convención o congreso, y en un comentario me hizo saber cuánto se rieron todos los asistentes.

Yo también me reí con el comentario, porque la reabsorción del esperma está claramente descrita en la literatura científica. El problema es que algunos reconocen su ignorancia (de la que nadie está libre) y otros se esconden tras la soberbia de sus titulaciones.

Sin ir más lejos, estudios en el macaco rhesus determinan que el 40-50% del esperma puede ser reabsorbido antes de alcanzar el conducto deferente.

Si recuerdas las secciones anteriores, el conducto deferente es una extensión del epidídimo, donde el esperma puede acumularse durante aproximadamente un mes. El epitelio de este órgano (las distintas capas de células que lo componen) está cubierto por estereocilios, microvellosidades rígidas que por su estructura han maximizado su superficie y capacidad de absorción y secreción.

La mayor parte de la literatura científica sobre los estereocilios se refiere a su presencia y función en el oído medio, el único otro lugar del cuerpo en que se encuentran.

El conducto deferente posee una gran capacidad de adaptación a la presión de los fluidos que circulen en él. Puede aumentar de 2 a 4 veces su tamaño original. Esta presión puede ocasionar un dolor temporal que se conoce por el nombre de *blue balls*; ocurre especialmente cuando se dan grandes niveles de excitación sin eyaculación en hombres que no están adaptados a la retención seminal.

También se ha relacionado este dolor ocasional con la llamada 'hipertensión epididimal'; si bien no hay acuerdo respecto a dónde concretamente se localiza el dolor, lo que sí está establecido es que no entraña peligro alguno.

El principal método de reabsorción, sin embargo, tiene como protagonistas a los macrófagos, células especializadas que fagotizan (se comen) a otras células, bacterias y otros cuerpos. La concentración de macrófagos en el epidídimo es máxima tras 90 días sin salida del esperma. Una vez los macrófagos 'digieren' el esperma, parte de los restos termina en el flujo sanguíneo, donde es reaprovechado.

Puede ocurrir, y ha sido confirmado en múltiples ocasiones, que el esperma inservible se deseche a través de la orina, pero ha quedado establecido que la mayor parte (~90%) es reabsorbido en el epidídimo y el conducto deferente.

El elixir de la eterna juventud

En ciertas culturas, como has visto, la retención seminal ha sido considerada la clave de la longevidad masculina, una especie de elixir de juventud.

Los textos sagrados están repletos de leyendas acerca de hombres extremadamente longevos, en teoría gracias a la práctica de la retención seminal (entre otras cosas).

Pero, ¿hay algo de cierto en esto más allá de la leyenda? Para responder a esta pregunta, debemos replantearnos ciertas concepciones sobre el envejecimiento.

Tendemos a pensar que el cuerpo es una especie de 'máquina' cuyos componentes (células) se desgastan y agotan. El envejecimiento estaría guiado, pues, por factores externos (estrés, toxinas, falta de nutrientes, etc.) hasta un límite práctico en que se produce alguna disfunción en cualquiera de los sistemas.

Hay ciertos datos que nos permiten sospechar que, quizás, la muerte no es más que un evento programado por nuestra fisiología, y que no depende realmente del desgaste que sufra el cuerpo.

Por ejemplo, en varios experimentos, insertar tejido de un animal joven en otro maduro, hacía a este rejuvenecer. Este proceso se repitió sucesivamente, y algunos tejidos seguían en buen estado tras diez trasplantes. El tejido injertado, de algún modo, era capaz de percibir el estado energético general del organismo y adaptar su actividad, rejuveneciendo. De hecho, el proceso contrario también se ha comprobado.

Por motivos que en parte serían resueltos más bien como una labor filosófica, la naturaleza programa la vida útil de los seres vivos, y la programa en extrema consonancia con la función reproductiva. Hay animales, como el salmón o la mantis religiosa macho, que viven solo hasta que se reproducen. La mayoría de mamíferos son fértiles durante toda su vida, incluidas las hembras; y las que experimentan la menopausia, lo hacen por un período de tiempo equivalente a lo que cueste asistir a sus crías.

Conviene mencionar aquí la 'teoría del soma perecedero'

de Kirkwood, que podría explicar rotundamente la relación entre longevidad y reproducción. Según esta teoría, el envejecimiento (concepto inaplicable a ciertas formas de vida, en especial las más primitivas) sería una estrategia biológica para optimizar el uso de recursos y concentrarlos en la reproducción. ¿Por qué permitir que un sujeto que ya ha dejado descendencia y ya ha visto sus mejores días consuma alimento que estaría mejor empleado en un sujeto más joven que aún no se ha apareado?

Otra forma de obsolescencia programada tiene que ver con el límite de Hayflick: el número máximo de divisiones que cada tipo de célula puede soportar.

Los espermatozoides poseen la mitad (23) de los cromosomas que tienen el resto de células del cuerpo. En palabras de Ernesto Prieto:

> En lo que a edad respecta, toda vez que se crea un nuevo ser, las dos células germinales que lo conforman parecen comenzar de cero. ¿Acaso no envejecen estas células? Aparentemente, no (...). Esto significa que los alegres espermatozoides (...) que tú posees, tienen de hecho la asombrosa edad de 120.000 años (...). Para que esto ocurra es imprescindible que la célula germinal esté provista

de mecanismos que impidan su envejecimiento (...).
Quizás sea esta la explicación de por qué resulta
beneficioso ahorrar energía sexual -tal vez porque el
secreto de la inmortalidad de las células germinales
sea alguna clase de energía sutil que beneficia al resto
del cuerpo si se la absorbe.

Cuando se impide que la mosca de la fruta se reproduzca, esta puede vivir hasta diez veces más. ¿Qué ocurre si se revierte el proceso? De nuevo, Ernesto Prieto explica que:

Resulta asombroso observar cómo, ni bien se
les provee de aminoácidos, desarrollan su aparato
genital con rapidez y corren -es decir, vuelan- a
copular frenéticamente… cayendo muertas instantes
después.

Muchos indicios apuntan, pues, a que ciertas señales biológicas marcan el ritmo del envejecimiento y activan el programa de obsolescencia programada. Sin descartar otros posibles causantes, yo apostaría por la prolactina, una hormona pituitaria segregada tras la eyaculación. La prolactina inhibe la función sexual, en un mecanismo de autodefensa que, por cierto, la pornografía y el Efecto Coolidge se saltan: es famosa la anécdota del conejillo de Indias macho que, tras escapar de su jaula y asaltar la de las hembras, copuló con cada una de ellas hasta quedar rendido y dormir durante 3 días.

Este 'desmayo' no está causado, como es obvio, por ningún desgaste físico fruto de la actividad sexual, como cualquiera que experimente el sexo sin eyaculación habrá comprobado.

En su manual sobre teorías del envejecimiento, Bengston y Schaie analizan el papel de la hormona DECO, que marca el consumo decreciente de oxígeno según la edad, y también influye en la eficacia del metabolismo. La prolactina es una hormona muy cercana; como indica el nombre, induce la producción de leche en las mujeres y también actúa sobre varios órganos sexuales masculinos. Interfiere con la producción de ciertos esteroides asociados a la juventud, y deprime el sistema inmune.

Una advertencia: no conviene simplificar el papel de esta o ninguna otra hormona, que puede jugar papeles muy distintos en circunstancias variadas, según la persona y el tejido sobre el que actúe.

Otra opción, no incompatible con las anteriores, tiene que ver con la proteína SPOCD1, que protege a las células germinales de potenciales errores en la copia de los genes, permitiendo que el ADN pase de forma segura de generación en generación.

¿Puede esta proteína tener efectos adicionales en otros tejidos?

Adaptaciones neuroquímicas

En principal motivo para limitar el número de eyaculaciones es muy claro:

Eyacular genera una serie de adaptaciones a nivel neuroquímico que te alejan de tu máximo nivel de rendimiento.

Una vez el líquido seminal está fuera, no hay ningún motivo para rendir ni siquiera cerca de nuestro máximo nivel hormonal. La función vital está cumplida por ahora, como ya has podido leer y experimentar.

Así que vamos a repasar los principales hitos que suceden cuando uno eyacula de cualquier manera (masturbación o sexo):

Para empezar, un grupo de células altamente responsables de la producción de dopamina, situadas en el área tegmental ventral del cerebro, se encogen y pueden disminuir su producción de dopamina hasta dos semanas después de la eyaculación. En estas circunstancias, es fácil entender por qué la producción de dopamina entre la población masculina general es bastante deficiente, porque hay pocos hombres que se abstengan por 14 días.

En segundo lugar, eyacular disminuye la densidad de receptores de andrógenos en determinadas partes del cerebro. Los receptores de andrógenos son receptores que hay a nivel celular y que se encargan de que las hormonas andrógenas (por ejemplo, la testosterona) puedan hacer llegar su instrucción al núcleo de la célula, donde se sintetizan las nuevas proteínas.

Es decir: sin receptores para un determinado andrógeno, ese andrógeno tiene un efecto menor o nulo. Tus niveles de testosterona como tal pueden ser normales o altos, pero no tendrán ese efecto ni te sentirás igual.

En principio este fenómeno se detectó en dos partes del hipotálamo: el área preóptica media y el núcleo ventromedial, y se ha corroborado en otros estudios.

Y quizás lo más importante: hay un coste de oportunidad relativo a la producción de testosterona, que aumenta significativamente con un pico alrededor del séptimo día de retención seminal, sigue aumentando a las tres semanas, y todavía tras 8 semanas (no tenemos estudios que analicen este fenómeno por más tiempo).

No hay que llevarse a confusión: eyacular no baja la testosterona, simplemente evita que aumente.

De hecho, comúnmente se citan estudios donde se mide la testosterona después de eyacular; esta suele aumentar ligeramente, pero además de ser momentáneo, este efecto se debe a la excitación sexual, más que a la eyaculación.

Otro mecanismo involucrado en los efectos secundarios de la eyaculación es la prolactina, que ya conoces.

La dopamina es a veces descrita como 'factor inhibidor de la prolactina', es decir: son antagonistas.

Todas las piezas del puzzle encajan; si la producción de dopamina queda limitada durante aproximadamente 14 días tras la eyaculación, este es precisamente el tiempo de actuación de los síntomas inducidos por hiperprolactinemia. La dopamina aumenta la testosterona, estimula la hormona de crecimiento y suprime (como ya has visto) la prolactina.

Al menos un estudio encontró que niveles supranormales de prolactina mantenidos en el tiempo podrían iniciar un proceso de hiperplasia en la próstata, y de hecho la próstata tiene una gran concentración de receptores para esta hormona, que regula varias de sus funciones.

Los estrógenos aumentan los niveles de prolactina. También se sospecha que puedan ser la causa de conductas hipersexuales. Curiosamente, la eyaculación aumenta la sensibilidad de los receptores de estrógenos; quizás esto explique el denominado 'efecto Chaser', según el cual, después de eyacular, algunos hombres experimentan síntomas de hipersexualidad durante un par de días (aumentando el riesgo de 'recaídas múltiples').

3.3 MITOS SOBRE LA MASTURBACIÓN

Por si no fuese suficiente con el acceso irrestricto e ilimitado a la pornografía, vivimos en una época donde los medios de comunicación generalmente promueven la masturbación e incluso enumeran sus beneficios.

Admitir esto no implica defender la situación opuesta, en la que efectivamente, y no hace tanto, se asustaba a los jóvenes con amenazas falsas sobre los peligros de la masturbación.

Pero, si se trata de descubrir la verdad, los argumentos que se proporcionan en defensa de la masturbación en hombres son sumamente débiles.

En este apartado analizaré los deslices o engaños más comunes, los que podrás encontrar una y otra vez en fuentes de todo tipo, desde publicaciones en blogs hasta manuales de sexología.

No pretendo negar absolutamente que la masturbación pueda tener algún beneficio. Una vez más, se trata de mostrar las cosas desde la perspectiva más completa posible. Solo se puede idealizar o demonizar la masturbación con un fuerte empeño por ocultar parte de la verdad.

Este libro muestra esa verdad oculta.

Empecemos por analizar los supuestos beneficios para la salud. También dedicaré apartados concretos a los tres mayores mitos sobre la masturbación: que previene el cáncer de próstata (infundado), que es un método de autoconocimiento (indefinido), y que es una práctica común en el reino animal (matizable).

El mito de los beneficios para la salud

Esto parece ser conocimiento generalizado hoy en día, ya que los medios y especialmente los sexólogos se han encargado de diseminar este mito.

En su afán, simplemente han repetido de forma acrítica lo que escuchan unos de otros. Leerlos en redes sociales o ver vídeos suyos es como tener un loro en casa.

Y estas voces son tan numerosas que me es imposible refutar todos sus argumentos, porque siempre se me escaparía alguno.

Lo que sí puedo hacer es desmentir o matizar los argumentos más comunes a favor de la masturbación como algo beneficioso para la salud, y señalar los errores intelectuales más comunes para cuando tú, lector, te enfrentes a alguno de estos artículos:

1) Confundir deliberadamente los beneficios del sexo con los beneficios de la masturbación, atribuyendo injustificadamente los primeros a los segundos. Una vez metemos todo en el mismo saco, podemos atribuir a la masturbación muchos beneficios que en realidad no han sido demostrados. Si piensas que este error, de tan pobre criterio científico, solo puede ser cometido por personas legas en la materia, piénsalo de nuevo.

Y por si te lo preguntas, sí que hay investigaciones que analizan por separado estos fenómenos; por ejemplo, en 2010, Stuart Brody publicó una revisión en cuyas conclusiones leemos que "un amplio rango de mejores indicadores psicológicos y fisiológicos están asociados específicamente con el coito vaginal", mientras que el sexo anal y la masturbación tenían indicadores negativos.

Basándose en esta confusión, se ha llegado a decir que la masturbación alarga la vida, pero citando un estudio donde lo que se mide realmente son los orgasmos de un grupo de hombres a lo largo de 20 años (este error infantil, deliberado o no, fue publicado nada más y nada menos que en Men's Health: ¿cuántos hombres habrán leído ese artículo?).

Lo mismo con otros fenómenos sexuales como la erección: se dice que los tejidos del pene necesitan oxigenación y circulación recurrente, como si la masturbación fuese la única manera de conseguirla. Lo cierto es que un hombre con niveles hormonales saludables tendrá erecciones espontáneas, principalmente al despertar, además de que no es necesario eyacular cuando se tiene sexo para conseguir una erección (esto sería absurdo).

2)   Tratar el orgasmo femenino como un fenómeno

equivalente a la eyaculación masculina. Una variante del anterior. El primer engaño consiste en equiparar orgasmo y eyaculación, cuando son fenómenos distintos. Aunque vienen frecuentemente acompañados, una cosa no implica la otra. Partiendo de este error, se obvia que, cuando un hombre eyacula con orgasmo o sin orgasmo, está expulsando millones de células sexuales, mientras que el orgasmo femenino no altera en nada el curso que siguen los óvulos. Como algunos sabéis, he llegado a comprobar cómo profesionales con titulación universitaria argumentaban a favor de la masturbación masculina citando estudios hechos exclusivamente con mujeres.

3) Citar referencias científicas débiles, que a lo sumo muestran una correlación cuyos mecanismos raramente se explican. Esto es lo que construyó el mito de que eyacular previene el cáncer de próstata: una encuesta telefónica masiva a profesionales de la salud cuyos mismos promotores reconocen que no permite establecer relaciones de causalidad.

4) Exagerar y malinterpretar ciertos efectos agudos presentándolos como si fueran permanentes, como si tuvieran un impacto significativo, o siendo incapaces

de determinar si son beneficiosos o no. Por ejemplo, el aumento de testosterona que se puede medir tras la excitación sexual (sin que necesariamente haya maturbación o eyaculación) es de corto recorrido. El impacto de la masturbación sobre el sistema inmune es particularmente retorcido: lo que te venden como una mejora del sistema inmune es en realidad un aumento de ciertos marcadores tras la masturbación, cosa que, por sí sola, no sabemos si es positiva o negativa; el mismo aumento temporal (corto plazo) de leucocitos que se ha podido medir tras la masturbación, también se puede medir en algunos pacientes con COVID-19 o enfermedad vascular periférica (entre otras muchas cosas).

Lo mismo ocurre cuando se dice que la masturbación es una manera efectiva de fortalecer el suelo pélvico. Cualquiera que haya realizado ejercicios específicos para fortalecer estos músculos sabe que las contracciones eyaculatorias ni siquiera se acercan a generar el estímulo necesario (como, por otro lado, es evidente, porque, si únicamente con masturbarnos pudiéramos fortalecer el suelo pélvico significativamente, ¿por qué nadie se molestaría en desarrollar ejercicios adicionales?). En cualquier caso, esto podría aplicar a hombres que por alguna otra condición tuvieran esta zona especialmente débil.

5) Atribuir a la masturbación los potenciales beneficios de ciertas prácticas que una minoría de los hombres lleva a cabo. El ejemplo más obvio es el de masturbarte para mejorar tu control eyaculatorio. Efectivamente, uno puede masturbarse con ese fin, pero en la inmensa mayoría de casos no es este el motivo por el que los hombres se masturban. Ni siquiera todos los hombres que tratan de mejorar su control eyaculatorio masturbándose lo consiguen (en la última parte del libro mencionaré qué prácticas sí funcionan).

6) Emplear la falacia según la cual solo porque algo sea placentero o te haga sentir bien, es bueno para la salud. Este tipo de argumentos pueden ser demolidos por un niño de 11 años. Deberíamos promover, siguiendo esta lógica, el consumo de todo tipo de drogas.

A veces este argumento se disfraza con ornamentación científica, mencionando ciertos neurotransmisores a sabiendas de que el público no conoce bien su función (normalmente quien firma el texto tampoco la conoce).

7) Presentar como un beneficio para la salud lo que es, como mucho, un alivio temporal de un problema que va a persistir. Aquí me refiero a declaraciones como que masturbarse ayuda a dormir o a aliviar el estrés. Masturbarte no va a mejorar tu higiene de sueño ni te va a ayudar a lidiar con el estrés, únicamente va a constituir un alivio temporal que no va a solucionar el problema de fondo. Estos problemas de fondo son los malos hábitos de sueño y la incapacidad para gestionar el estrés, y masturbarte para dormir o relajarte únicamente agravará los problemas de base por no enfrentarlos directamente.

De nuevo: este tipo de errores, por desgracia, no los encuentras solamente en boca de personas sin formación, sino que muchas veces profesionales acreditados dejan mucho que desear en sus publicaciones.

Sin ir más lejos, quien me siga desde hace unos años sabe que compré el *Manual de Sexología y Terapia Sexual* de Francisco Cabello, y también aquí me hallé numerosas afirmaciones respecto a los beneficios de la masturbación que no tenían respaldo alguno. Tengamos en cuenta que el autor del manual es (según la descripción de su libro en *Amazon*) "director del Instituto Andaluz de Sexologia y Psicologia y profesor de Asesoramiento y Terapia Sexual en la Universidad de Almeria. Es, asimismo, autor de numerosas publicaciones sobre Sexologia y miembro del comite asesor de prestigiosas revistas especializadas".

Nótese, por favor, que en ningún caso las faltas de ortografía son mías. Espero que podamos excusar al señor Cabello y sea algún becario quien redacte las descripciones de sus libros.

El mito de la eyaculación y el cáncer de próstata

Es altamente común que, apenas se menciona la retención seminal o la abstinencia de pornografía y masturbación, la primera réplica tenga que ver con este mito.

Empecemos por el principio:

El famoso estudio que todo el mundo cita forma parte de un programa asociado a la Universidad de Harvard y que consiste en una encuesta bianual para profesionales de la salud.

Desde 1992, año en que se realiza el primer cuestionario específicamente sobre frecuencia eyaculatoria, hasta 2010, se ha venido haciendo un seguimiento para actualizar las respuestas originales de más de 50000 hombres profesionales de la salud, aunque se descartaron casi 20000 encuestas y la muestra final fue de 31925 hombres.

Y ya estos datos dispersos deberían perturbar tu olfato. Pero si no estás familiarizado o siquiera iniciado en investigación y metodología científica, deberías saber que:

1)   Un estudio de este tipo únicamente nos indica una correlación. Habrás escuchado muchas veces que 'correlación no implica causalidad'. ¿Se ha llegado a explicar qué relación causal hay entre frecuencia eyaculatoria y cáncer de próstata? Más adelante analizaremos qué opinan los propios promotores del estudio.

2)   Dentro de todos los formatos de la investigación, una encuesta es de lo menos fiable que se pueda emplear. Esto lo sabe (o debería saber) cualquiera mínimamente asociado a la investigación científica, no digamos ya un profesional. Pero para el resto de los mortales, vamos a pensar un poco: ¿qué comiste ayer? Pocas personas son capaces de responder a esto con precisión y fiabilidad. Si tu dieta está estructurada, te será bastante más fácil.

Bueno, imagina responder a esta pregunta:

De media, ¿cuántas eyaculaciones tuviste al mes a lo largo de estas edades?: de 20 a 29 años; de 40 a 49 años; el año pasado.

Ni con una pistola en la cabeza yo sería capaz de responder a esa pregunta con un mínimo de precisión. Pero supongamos que puedes estimar una frecuencia semanal y extrapolarla: ¿qué margen de error podrías tener a la hora de estimular tu frecuencia eyaculatoria de hace años o décadas? ¿Quizás un 20%? Porque esa es la supuesta diferencia en las probabilidades de contraer cáncer de próstata...

3) Si bien la muestra del estudio es muy amplia, es poco heterogénea, pues está restringida a profesionales de la salud. Que esto suponga o no un problema real es una discusión aparte, pero lo cierto es que cada profesión, condición y estilo de vida tienen unas particularidades que es muy difícil considerar en su totalidad, y por eso los estudios cuya muestra consiste solamente en deportistas, o diabéticos, o zurdos, merecen una dosis extra de prudencia.

Estas son solo algunas contrariedades iniciáles y evidentes, pero casi ningún artículo de los miles y miles que se encuentran en la red parece considerar esto. Se ha establecido como práctica común que profesionales de la salud, e incluso eminencias con alta responsabilidad académica o con puestos de relevancia en grandes hospitales, hagan una referencia vaga a este estudio (sin citarlo correctamente en muchos casos) y consideren como 'evidencia fuerte' algo que no es más que una correlación dudosa.

Pero no me hagas caso a mí. Una de las ventajas de la institución científica es que los expertos pueden analizar el trabajo de sus colegas y hacer las réplicas que consideren oportunas; también existe la posibilidad de enfocar la misma vía de investigación con métodos distintos. Y recordemos que el estudio muestra una correlación (repito: dudosa) pero no determina si una menor frecuencia eyaculatoria causa cáncer de próstata.

Así que, ¿qué han dicho otros científicos? Hagamos un repaso:

·En su réplica, Kolt, Schade y Gore (2016) señalan, en relación al famoso estudio, lo siguiente: "No creemos que este trabajo remita a un nuevo campo de investigación clínica". Admiten la correlación, y cuestionan la causalidad, aunque hay un breve desarrollo de una de las explicaciones propuestas para los datos del estudio original: el metabolismo de citratos, que analizaremos más adelante. Esta réplica pone en duda que los datos del sondeo merezcan una campaña de salud pública "hiperbólica" (sic) promoviendo la eyaculación. Señalan algunos posibles errores del estudio original, que no tiene en cuenta el factor del acceso al sistema de salud (de ahí mi cuestionamiento de la muestra poblacional elegida) y no tomó ciertos datos de la cohorte descartada (un 20% del total de encuestados).

·El mismo año, en otra réplica, García-Perdomo y Manzano (2016) cuestionan la metodología del estudio original. Consideran incorrecta la selección del grupo de referencia, critican el 'sesgo de memoria' antes descrito, y critican también la exclusión injustificada de los afectos por cáncer de próstata en estadio T1a. Cierran su réplica así: "Por las razones expuestas, es importante para la comunidad urológica y los pacientes interpretar estos resultados con cautela a la luz de la limitada información disponible sobre cómo prevenir el cáncer de próstata".

·Los autores del estudio original se defendieron de algunas de estas críticas. No es mi papel hacer de árbitro entre investigadores de alto nivel; pero sí es conveniente resaltar la última frase de esta réplica: "Queremos enfatizar que, hasta que los mecanismos biológicos subyacentes a esta asociación sean dilucidados de forma convincente, es prematuro interpretar que la eyaculación sea un método establecido para evitar el cáncer de próstata".

Es decir: los mismos autores del famoso estudio admiten que únicamente han descrito una correlación y que desconocen por qué se produce.

·Annweiler, Bigot y Karras (2017) apuntan un factor ignorado en el planteamiento del estudio original y que podría explicar sus resultados: los niveles de vitamina D, definida como 'hormona esteroide endógena'. La deficiencia de esta vitamina "está ligada a la aparición y progresión del cáncer de próstata". Para "interpretar adecuadamente la asociación entre frecuencia eyaculatoria y cáncer de próstata" sería necesario considerar este factor, ya que "es posible que la vitamina D afecte tanto a la frecuencia eyaculatoria como a la aparición y progresión del cáncer de próstata".

Este matiz fue desestimado por los autores del estudio original

Desde luego, la impresionante muestra y el concienzudo seguimiento del famoso estudio merecen atención, pero no la difusión totalmente desproporcionada que uno puede encontrar hoy en día. Es *vox populi* que "eyacular con frecuencia previene el cáncer de próstata". Este es el formato de cientos y cientos de artículos en publicaciones que pueden llegar a tener tirada internacional.

En contraste, otros estudios e investigaciones son totalmente desconocidos por el gran público y la mayoría de profesionales:

·Un metaanálisis de 2018 analizó 21 estudios para determinar que una frecuencia eyaculatoria de 2-4 veces por semana presentaba la menor incidencia de cáncer de próstata; también, por cierto, haber tenido el menor número de parejas sexuales a lo largo de la vida y haber comenzado a tener relaciones sexuales lo más tarde posible. De nuevo, cabe siempre tomar estos datos como lo que son: correlaciones.

·Citaré directamente las conclusiones de un artículo de 2018: "Aunque estos convincentes análisis epidemiológicos suscitaron una gran atención por obvios motivos, todavía son incapaces de resolver la cuestión de la causación versus la asociación", y "en el estudio epidemiológico original, los resultados significativos se hallaron principalmente asociados a la enfermedad de bajo riesgo, y por lo tanto la eyaculación puede no ser una medida preventiva a valorar para la población con cáncer de próstata de alto riesgo".

·Con los mismos datos que el estudio original, un artículo de 2004 no encontró la correlación anunciada. Otra publicación de la misma red de profesionales admite sesgos de memoria tanto en la configuración original del estudio como en la anterior.

·*Ejaculatory frequency and the risk of aggressive prostate cancer: Findings from a case-control study*: solo encuentra la correlación reflejada en el estudio original en uno de los tramos de edad analizados de entre una muestra de más de 2000 pacientes.

·En oposición con algunos estudios citados aquí, una publicación del *Archivo Italiano de Urología y Andrología*, tras revisar supuestamente todas las publicaciones sobre actividad sexual y riesgo de cáncer de próstata, encuentra tres correlaciones: 1) que 'la eyaculación frecuente parece proteger del desarrollo del cáncer de próstata', 2) que excluyendo el riesgo de ETS, múltiples parejas sexuales parecen proteger del desarrollo del cáncer de próstata, y 3) los hombres homosexuales tienen un mayor riesgo de diagnosis de cáncer de próstata.

·Para añadir más confusión, el Departamento de

Epidemiología del College of Public Health de Iowa realizó un metaanálisis que encuentra mayor incidencia en: 1) hombres con ETS, 2) mayor frecuencia de actividad sexual, y 3) mayor número de parejas sexuales.

·Línea parecida la de este estudio dirigido por Polyxeni Dimitropoulou, donde se encuentra que una alta actividad sexual en la veintena estaba asociada con un mayor riesgo de cáncer de próstata, mientras que en la cincuentena la eyaculación sí podría tener un efecto protector.

De nuevo, ninguna de estas conclusiones prueban nada (ni en un sentido ni en otro), y casi todas dependen de la memoria de los sujetos encuestados.

En todo caso, si realmente eyacular menos supusiese un aumento en el riesgo de contraer cáncer de próstata, deberíamos observar este riesgo en ciertos grupos sociales que eyaculan con menos frecuencia (o poder explicar por qué esto no se da).

Los datos de más de 6000 monjes católicos de Nueva York mostraron precisamente lo contrario. Con ánimo de precisión, no hay ninguna garantía de que estos monjes (y ningún hombre sometido a este tipo de estudios) no mientan o recuerden correctamente; también cabe señalar que otros aspectos del estilo de vida de un monje pueden contribuir a esta protección.

Además, otro estudio realizado con una muestra similar (aunque menor y en la costa opuesta del país) no encontró diferencias estadísticamente relevantes entre mortalidad por cáncer de próstata entre monjes y entre la población normal.

Entre monjes griegos, parece que el urólogo Haralambos Aidonopoulos sí encontró una incidencia significativamente menor, aunque no he encontrado más que referencias en publicaciones periodísticas y no la investigación original. Las mismas objeciones anteriores podrían, no obstante, aplicarse.

En la línea de lo que hemos visto hasta ahora, el urólogo, andrólogo y experto en salud masculina Eduardo Cruz hizo el siguiente comentario en una entrevista:

> Este es un tema polémico, en el que existen estudios con resultados contradictorios. De manera parecida al tema de los factores dietéticos, establecer un vínculo entre el cáncer de próstata y la sexualidad es complejo. El sexo cambia a lo largo de la vida y es complicado establecer una relación de causa-efecto con el hecho de desarrollar –años más tarde– un cáncer de próstata.

De hecho, urólogos de gran renombre tienen, justamente, la opinión contraria: dado el rol de la próstata en la función sexual, el abuso de la misma estaría llevando a aumentos de la incidencia de todo tipo de dolencias de la próstata, cada vez más entre jóvenes menores de 30 años. En su visita a España de 2003, el mítico urólogo Hiroki Watanabe expuso precisamente esto.

Desde un punto de vista evolutivo, esta explicación resulta bastante lógica. Como hemos apuntado anteriormente, el comportamiento sexual del homo sapiens posee ciertas particularidades. La disponibilidad sexual de las hembras, su ovulación encriptada y las dificultades asociadas a la fertilización y concepción, así como la competencia sexual, ejercieron una presión selectiva sobre los machos.

No en vano la función principal del líquido prostático tiene que ver con la capacitación del esperma y con ciertas sustancias que permiten su supervivencia en la vagina. Niveles altos de prolactina, incluso cuando son puntuales, aumentan la densidad de los llamados receptores cortos para esta hormona, que regulan la proliferación celular; en los casos más agresivos de cáncer de próstata avanzado, suprimir los niveles de prolactina con cabergolina termina con la enfermedad.

El mito del autoconocimiento

¿Por qué los hombres se masturban realmente?

No falla. Buscas información sobre la masturbación, y de entre la abrumadora mayoría de artículos favorables, eliges uno. Y ahí está, un beneficio que todos mencionan…

La masturbación es una excelente herramienta para conocerse a uno mismo, para la autoexploración sexual…

Bien, tengo tres grandes objeciones contra este supuesto beneficio.

Mi primera objeción consiste en que los conceptos de 'autoexploración' o 'autoconocimiento' están totalmente vacíos.

Seamos honestos: si yo busco un artículo sobre los beneficios del ejercicio y uno de ellos consiste en que me ayuda a conocer y explorar mi cuerpo…

O mejor aún: que un beneficio de alimentarme es que me permite conocer y explorar mi sistema digestivo…

…entonces sé que al autor del texto le han pedido que describa 7 beneficios y ha tenido que inventarse alguno.

La segunda objeción que haría es que este supuesto autoconocimiento está totalmente sesgado. Si se trata de conocernos mejor y explorar nuestra sexualidad, tanto vale masturbarse a diario como probar a no hacerlo por 90 días.

Y la tercera y última objeción: es un beneficio totalmente desligado de la realidad. Ni el adolescente ni el adulto se masturban principalmente para autoconocerse o explorarse. El estudiante universitario no está alternando entre 11 pestañas de vídeos pornográficos para conocerse mejor. Lo está haciendo porque su sistema límbico está tan estimulado que no tiene control sobre lo que hace, y está tan acostumbrado a la estimulación que necesita más y más para obtener el mismo placer. Lo hace, quizás, porque no puede dormir, porque se pasó el día encerrado en casa, usando pantallas todo el día, y no sabe qué decir ni qué hacer cuando ve a su compañera de clase.

De hecho, si masturbarse realmente fuese un método eficaz de autoconocimiento, un hombre de 30 años con historial de masturbación que abarca más de la mitad de su vida debería ser un experto en urología.

No pidamos tanto: debería saber que semen y esperma no son lo mismo y que el semen no se acumula, sino que se forma en los momentos previos a la eyaculación.

Es decir: cosas elementales que leyendo un solo libro puedes aprender en un solo mes.

La revista *Psychology of Addictive Behaviours* realizó una investigación en 2021 para entender por qué las personas ven pornografía. Las conclusiones coinciden con lo que cualquiera con sentido común podría proponer: reducir el estrés, conseguir placer, suprimir emociones o distraerse de ellas, aburrimiento...

Es cierto que, en sentido estricto, el estudio analiza el consumo de pornografía y no la masturbación por separado... tanto como que ambos comportamientos van generalmente unidos. Pero en cualquier fuente de datos donde no se manipulen las preguntas y los masturbadores puedan dar sus motivos con honestidad, te costará encontrar a quienes lo hagan para conocerse mejor...

La masturbación en animales

> *"Muchos animales se masturban, pero ninguno*
> *con la intensidad ni frecuencia eyaculatoria*
> *del macho humano -excepto cuando están en cautividad".*
>
> (Leonard Shlain)

Miré a mi alrededor, y en todo el prado solo estaban Ignacio, su hermano y el caballo.

Nunca había tenido ocasión de comprobar que, efectivamente, el caballo es un animal poco agresivo. Si se ve en peligro, sencillamente huye.

Y son perfectamente capaces de establecer una relación muy íntima con las personas. De ahí modalidades de la hípica como la doma, donde el caballo sigue instrucciones tan precisas que parecen imposibles.

Juan nos enseñó cómo presentarnos al caballo, cómo indicarle qué queríamos de él, y cómo premiarle para reforzar su comportamiento.

En apenas 15 minutos, algunos de los chicos que venían conmigo conseguían dar instrucciones básicas al animal.

En cierto momento, el instructor dio la oportunidad de hacerle alguna pregunta.

Efectivamente, no sabía quiénes éramos…

Yo había leído un artículo de 1991 que hablaba de la masturbación en los caballos. Te imaginarás mi asombro cuando leí, como dice el estudio, que los caballos estabulados podían masturbarse durante horas (por ejemplo frotándose contra su propio vientre), aunque rara vez eyaculaban.

Así que le hablé a Juan de ese estudio, pensó en silencio, y me respondió:

-Nunca he visto nada de eso.

Lo único que él había presenciado, tras toda una vida criando y domando caballos, fue algo que, según sospechamos, pudo ser una polución nocturna o una eyaculación espontánea.

Jamás nada parecido a la masturbación.

Esto me extrañó. Aquel estudio no era tan antiguo, ni podía haber tanta diferencia entre razas de caballos. ¿Por qué unos caballos acostumbraban a masturbarse varias horas al día y otros nunca lo hacían?

Y, sobre todo, ¿qué podía enseñarme esto sobre cuán natural es la masturbación en animales y lo extendida que está?

Con mucha curiosidad, abrí esta línea de investigación.

Aclaro que el resultado de esta no altera la tesis principal del libro. Los efectos de la pornografía, la masturbación y la eyulación en hombres se explican sin necesariamente aludir a esto. Por no aclarar que el hecho de que un comportamiento esté extendido en el mundo animal no lo hace beneficioso o bueno necesariamente.

Pero creo que podemos ahondar en nuestra comprensión del fenómeno si miramos a la naturaleza…

Parece innegable que la masturbación es algo común entre animales, y no solamente entre los que parecen más aptos anatómicamente para ello.

Se ha observado el comportamiento en 80 especies de primates, pequeños y grandes cetáceos, elefantes, morsas, murciélagos, ardillas, puercoespines, lagartos, tortugas, pingüinos…

Es innegable que algunos animales se masturban y es poco

discutible que esté extendido y sea común.

Ahora bien, me permito resaltar un par de puntos muy importantes que, como siempre, los *blogueros* y periodistas (especies que se caracterizan por citar estudios sin leerlos) no revelan, y que nos permiten entender qué papel tiene la masturbación en distintas especies (y qué papel podría tener en la nuestra):

1. *Distinción entre animales salvajes y cautivos.* Muchos artículos publicados en Internet que hablan de masturbación en animales se basan en estudios sobre animales cautivos, aunque luego no lo especifican. Lo he encontrado con tortugas o murciélagos. Y muchos estudios científicos que estudian la masturbación en animales siempre aclaran que son cautivos (lo cual es lógico pues son más fáciles de observar). Este detalle suele dejarse de lado en la publicación sensacionalista de turno. Por ejemplo, comportamientos lésbicos entre elefantas solo han sido observados en cautividad.

2. *Cuando la masturbación es para solteros.* Aunque es cierto que algunos animales se masturban aunque tengan oportunidad de copular, en otros este comportamiento solo ocurre en los ejemplares no emparejados. Algunos de los comportamientos más vomitivos al respecto (incluida la necrofilia) corresponden a los pingüinos, pero solo a los solteros. Téngase en cuenta que, en animales que no forman parejas ni siquiera durante la temporada de celo, el partido de fútbol de los domingos no es de *solteros vs casados*, sino de machos con acceso o sin acceso a

hembras.

3. *Masturbación para betas*. En varias especies, la masturbación solamente se da en machos que no tienen acceso prioritario a las hembras. Esto se llama 'masturbación precopulatoria', y su objetivo es eyacular lo antes posible en cuanto se tenga oportunidad de acercarse a una hembra libre. En estos casos, los machos más grandes (que podemos llamar *alfa*) tardan mucho más en eyacular y no muestran este comportamiento.

4. *Masturbación para 'más betas todavía'*. Esta te va a resultar muy familiar: cuando en una comunidad se detecta una gran competición por las hembras, algunos machos se masturban como una manera de desperdiciar el semen y reducir la competencia. Esto se da en especies que se han adaptado para tener una producción seminal relativamente mayor (el tamaño de los testículos suele tener correlación con la promiscuidad de la hembra) y cuyos machos suelen copular varias veces con la hembra durante el celo (excepto por la cuestión del celo, encaja con los humanos a la perfección). Dicho rápido: cuanta más competencia haya por las hembras, más machos se retiran del mercado sexual desperdiciando su semen masturbándose.

5. *Masturbación para betas 'no tan betas'*. Esta modalidad es compatible con varias de las otras y está basada en la teoría de las 'guerras del esperma'. Robin Baker y Mark Bellis abrieron esta línea de investigación; aparentemente, existen varios tipos de espermatozoides, y algunos de ellos sirven exclusivamente para matar o bloquear el esperma de otros machos. Si se detecta un aumento de

la competencia o la posibilidad de que la hembra sea infiel, el macho se masturba para alterar la proporción de esperma asesino en su semen.

6. *Por higiene.* Este es el caso de algunas ardillas, que se masturban después de copular. Si una especie, en algún punto de su evolución, estuvo afectada por una enfermedad de transmisión sexual o infección que pudiera evitar eyaculando tras tener contacto con la hembra, seguramente este comportamiento se generalizó.

Como ves, la historia es distinta. Un animal en su entorno natural generalmente no se masturba si no tiene motivos para ello, y ya hemos repasado un espectro interesante de motivos.

Dejo a tu juicio cómo se aplica esto a los hombres del siglo XXI, pero si analizamos el día a día promedio de cualquiera de ellos, su entorno artificial, su comida artificial, sus límites artificiales externos y externos... ¿se acerca esto más a la vida libre y natural o más bien a un zoológico?

3.4 LAS DIFERENCIAS ENTRE SEXO Y MASTURBACIÓN

Como aprendiste al principio del libro, los retos que se organizan en la comunidad normalmente se dividen en dos categorías distintas: modo fácil y modo difícil. Y recordarás que, en el modo fácil, puedes eyacular teniendo sexo.

Esto hace que muchos se pregunten: ¿tan diferente es eyacular teniendo sexo y eyacular masturbándose? La respuesta a esta pregunta depende de dónde pongamos nuestro enfoque.

Si hablamos de las adaptaciones neuroquímicas descritas anteriormente, no hay una diferencia grande entre eyacular solo o acompañado (aunque la hay, como veremos).

En términos conductuales y psicológicos, hablamos de dos cosas totalmente distintas. De hecho, ya has podido ver que algunas investigaciones asocian mayores niveles de bienestar psicológico y emocional al coito vaginal pero no a la masturbación.

Vamos analizar pormenorizadamente todos estos detalles.

Demasiado fácil

La diferencia esencial a nivel conductual entre el sexo y la masturbación es que el sexo requiere el consentimiento de otra persona. Ya has visto que nuestra historia como especie ha modelado el cerebro masculino para desear el sexo constantemente, y también para tratar de descifrar y complacer los deseos de las mujeres.

A nivel puramente biológico, tener sexo es un logro. Las hembras seleccionan qué genes pasan a la siguiente generación y qué genes se extinguen. Esta luz verde, como bien sabrás, es una gran fuente de dicha para los hombres, mientras que el rechazo puede hundirnos. Al fin y al cabo, en cierto sentido, el rechazo de una mujer nos dice: no eres apto como espécimen, tus genes deben extinguirse contigo.

Acceder al sexo requiere invertir cierto esfuerzo: el de conseguir una pareja a corto o largo plazo, el de adaptarte a ciertos modelos de conducta o apariencia, y muchas veces el de adoptar la responsabilidad de que la experiencia sea placentera para ambos.

Comparado con la masturbación, el sexo tiene una dificultad de acceso mucho mayor. Al fin y al cabo, lo único que debes hacer si quieres masturbarte es usar tu mano.

Por tanto, ¿qué comportamiento tiene un potencial adictivo mayor? Incluso contando con que el placer del sexo sea mayor, el esfuerzo requerido por la masturbación es tan poco que muchos hombres renuncian a intentar encontrar pareja, y otros hombres que sí la tienen siguen masturbándose a menudo.

Si enfocamos estos dos fenómenos según su potencial adictivo, la diferencia es clara. Los hombres adictos al sexo (término algo polémico puesto que, por nuestra programación biológica, en las circunstancias adecuadas todo hombre es potencialmente adicto al sexo) son hombres que tienen acceso fácil a varias mujeres distintas, por sus habilidades, atractivo natural o medios económicos; u hombres cuyas parejas compartan su hipersexualidad. Como es evidente, estos hombres son una minoría.

Esta diferencia también puede trasladarse al ámbito psicológico, al autoconcepto que cada hombre tenga de sí mismo. Si se analiza con un mínimo detenimiento, ¿cuán orgulloso puede estar un hombre de recluirse en su habitación y masturbarse viendo en un pantalla cómo otro hombre tiene sexo con una mujer (o cualquier otra combinación que se te ocurra)?

El condicionamiento social nos ha hecho normalizar este comportamiento, e incluso muchas personas se tienen por maduras e inteligentes por tratar estos temas sin tapujos; pero lo que realmente está ocurriendo es más bien triste: eres un primate que ha tenido la desgracia de caer atrapado en un fallo de diseño de su propio cerebro, que no distingue entre lo que ve en la pantalla, lo que imagina, y la realidad.

Suelo pensar en el experimento en que un grupo de monos aprendió a pagar por ver fotos de genitales femeninos; renunciaban a parte de su comida por estas fotografías.

Puede que tú, concretamente, no lo veas de esta manera,

pero tanto para mí como para la mayoría de hombres, la masturbación es un sucedáneo de lo que realmente queremos: sexo. A veces será sexo casual, a veces será intimidad con la mujer adecuada, pero la masturbación en el fondo es algo con lo que te conformas.

Algo que he experimentado en mí mismo y he detectado en gran parte de hombres que han adoptado este estilo de vida es un sentimiento renovado de autoestima. Un hombre con baja autoestima se conformará con lo mínimo en todos los aspectos de su vida, no solamente el sexual. Pero en cuanto trazas una línea clara que no te permites sobrepasar, ese amor propio se traslada a todas las áreas de tu vida: no pones cierta comida en tu boca, te alejas de ciertas personas, no te permites ciertos comportamientos. Tus estándares aumentan, tu vida mejora.

Comportamiento de bajo estatus: el beta feromonal

Aquí me interesa resaltar una figura muy interesante que descubrí a través de un psicólogo de formación, pero mucho más conocido precisamente por sus teorías dentro de la píldora roja: Rollo Tomassi.

Rollo Tomassi menciona la *teoría del beta feromonal*: en grupos de ciertos primates, la masturbación sería una opción para que los machos que no pueden competir por las hembras se satisfagan; la masturbación estaría asociada a un perfil hormonal concreto y reconocible por las hembras y otros machos, de forma que el *beta feromonal* no sería percibido como una amenaza.

Esto es simplemente una teoría, aunque hay indicios que me lleven a pensar que, efectivamente, hombres con hábitos masturbatorios marcadamente diferentes mostrarán perfiles hormonales distintos. Cuando he entrevistado a mujeres, he llegado a la conclusión de que, de algún modo, saben ante qué tipo de hombre están. Y cuando tú consigas una racha seria de retención seminal, notarás el cambio en su conducta y sabrás de lo que hablo.

Un libro interesante sobre hormonas y estatus en que nos podemos apoyar para seguir especulando es *The Winner Effect*. Entre otras cosas, explica la asociación entre ciertas hormonas relacionadas con el estrés y el estatus social en primates. A mayores niveles de cortisol, más sumiso será el comportamiento. Además, varias zonas del cerebro se verán afectadas por esta hormona, afectando a corto y largo plazo a las funciones cognitivas.

Lo cual nos conduce a la siguiente pregunta: ¿qué diferencias hay a nivel neuroquímico entre el sexo y la masturbación?

Diferentes recetas

De hecho, sí hay estudios en que la concentración de cortisol en sangre en hombres justo después de masturbarse era mayor que en aquellos que habían tenido relaciones. He encontrado dos explicaciones no excluyentes al respecto.

La primera consiste en que el cortisol asociado a la masturbación provenga de un mecanismo innato o aprendido; puede que asociemos el acto con un sentimiento de culpa, de frustración, etc.; o puede que, en el fondo, nuestra biología nos penalice por conformarnos con este sucedáneo.

La segunda explicación está relacionada con la hormona oxitocina. Esta hormona es la responsable, entre otras cosas, de los lazos afectivos entre las personas. Y es una gran protección contra las hormonas del estrés.

¿Por qué la oxitocina aumenta durante el sexo pero no durante la masturbación (o al menos no lo suficiente como para mitigar la respuesta de estrés)? Una posible explicación es que esta hormona se active cuando hay vínculos emocionales previos; pero por lo que sabemos acerca del funcionamiento de la oxitocina, más bien sería al contrario: la oxitocina es la que contribuye a formar esos vínculos.

La explicación más sólida conecta la producción de oxitocina con el contacto físico. La piel está plagada de mecanorreceptores, que envían información muy precisa a nuestro sistema nervioso: por ejemplo, no solamente distinguen entre el autocontacto y el contacto de otra persona, sino también cuando nos tocan con la mano o con otra parte del cuerpo.

No obstante, otros estímulos inexistentes durante la masturbación también están implicados en la producción de la oxitocina, como los besos o el contacto visual.

Como has visto, la dopamina genera tolerancia excepcionalmente rápido, y sus mecanismos son muy sensibles. Recordarás que las neuronas se desensibilizan ante niveles altos de dopamina; curiosamente, la oxitocina puede actuar sobre los mismos receptores de la dopamina, pero los niveles altos nos sensibilizan aún más (mecanismo contrario). Como la dopamina, tiene un gran impacto sobre la neuroplasticidad, pero en lugar de activar las zonas del cerebro asociadas con la búsqueda de recompensas, las calma.

Por este motivo, encuentro que el historial afectivo de una persona es sumamente importante a la hora de tratar con cualquier adicción. La oxitocina puede reducir los antojos de dulces y de sustancias adictivas, y de hecho atenúa los síntomas del síndrome de abstinencia.

Pasión infinita

"Nueve actos sin emisión y se disfruta de una longevidad ilimitada.
Diez actos sin emisión, y se llega al mundo de los inmortales".

Su Nu Jing

Para 9 de cada 10 parejas, lo más habitual es que, tras unos meses de pasión inicial, el sexo termine siendo menos frecuente y los sentimientos por el otro menos intensos. Curiosamente, empiezas a detectar defectos y actitudes que habías pasado por alto. ¿Dónde está el ángel del que te enamoraste?

Tu percepción es modificada por los neurotransmisores asociados a esta *luna de miel*. Recuerda el Efecto Coolidge:

tras alcanzar cierto número de cópulas con tu pareja (es decir, eyacular con ella), verás cada vez más difícil excitarte con ella.

Cuando te preguntes qué ha podido ocurrir para que una relación que parecía empezar muy bien se haya arruinado… piensa en este fenómeno.

En cambio, si se minimiza o evita completamente la eyaculación, esta pasión inicial nunca desaparece. A cambio de renunciar al orgasmo eyaculatorio (pues existen otros tipos de orgasmo), obtenemos un estado de 'bendición neuroquímica', ciertamente un orgasmo constante, disfrutando simultáneamente de los efectos positivos de nuestras hormonas andrógenas, y de la dopamina y oxitocina.

Otras diferencias

Por último, hay un par de fenómenos interesantes que ocurren durante el sexo y que son imposible durante la masturbación.

En las últimas décadas se ha abierto un campo de investigación muy interesante que tiene que ver con la microbiota, el conjunto de bacterias, virus, hongos y demás que habitan nuestro cuerpo y con los que convivimos. Estas formas de vida son esenciales para la salud. En el tracto digestivo, por ejemplo, algunas bacterias son capaces de producir ciertos nutrientes y producir hormonas y neurotransmisores.

Pero no solamente tenemos nuestra particular población de bacterias en la tripa: también en el aparato reproductor (masculino y femenino).

Uno de los efectos de esta microbiota, por ejemplo, es que es capaz de influir en nuestros gustos. Ciertas cepas bacterianas tienen predilección por ciertos alimentos, y tienen mecanismos para hacerte desearlos.

Así que ya lo sabes: algunos antojos puede que no sean tuyos.

¿Puede ocurrir lo mismo a nivel sexual? En varios círculos se habla de que el sexo es un intercambio de energías. Cuando tienes sexo casual, no están pasando simplemente una noche con alguien, sino que cada uno aporta su historial emocional y amoroso.

Creo que depende de cada uno dar crédito a estas explicaciones o no, pero lo que es seguro es que la microbiota genital de ambos sexos interactúa, especialmente cuando no se usa preservativo. Durante las relaciones, las poblaciones bacterianas se intercambian. A su vez, algunas disfunciones reproductivas y sexuales están asociadas con alteraciones en esta microbiota.

El aparato reproductor femenino también interactúa con los componentes del semen, llegando a alterar el comportamiento reproductivo de la hembra. Esto ha sido comprobado en todas las especies mamíferas estudiadas.

4. ARTE

Llegamos a la parte práctica del libro.

En esta parte, me propongo explicarte paso a paso todo lo que debes hacer para pasar de la inconsciencia a la maestría sexual.

La mayoría de hombres desperdicia su energía sexual con la pornografía y la masturbación. No saben cómo funcionan sus órganos sexuales o su sistema hormonal.

No conocen los profundos beneficios del cultivo de la energía sexual.

Como has visto en el apartado anterior, cultivar tu energía sexual sin eyacular te hará funcionar a un nivel excepcional en todas las áreas de tu vida.

Así que, ¿por dónde empezamos?

El primero paso será dejar la pornografía. Tú decidirás, por cierto, si aplicas los tres capítulos de este apartado a la vez; pero si empiezas por alguno, que sea por este. Recupera el funcionamiento natural de tu cerebro, aléjate de ese estímulo artificial. Solamente por esto, la frecuencia con que te masturbas disminuirá, ya que evitarás en gran parte el Efecto Coolidge.

El siguiente nivel de beneficios lo vamos a conseguir dejando la masturbación. Al dejar la masturbación, solo vamos a poder eyacular teniendo relaciones; eso implica a nuestra actual o potencial pareja. Si la tienes, transmítele por mí estas palabras: de nada. Y si no la tienes y quieres conseguir una relación a corto o largo plazo, dejar la masturbación será lo mejor que puedes hacer. Y mientras sales al mundo y socializas, estarás consiguiendo tus primeras rachas de retención seminal.

Pero el nivel definitivo consiste en la retención seminal completa. Dependiendo de tus valores y objetivos, esto puede incluir el sexo sin eyulación, que para mí es una de las experiencias más enriquecedoras que un hombre puede vivir, un estado de esplendor emocional en que transpiras energía.

Ha sido habitual en la comunidad NoFap dejar la pornografía

y la masturbación a la vez. Esto es ideal, pero lo perfecto es enemigo de lo bueno. A veces el cambio es tan radical que cuesta el doble, ya que hay muchas cosas que interiorizar.

Y, como vas a ver, el tropiezo es parte esencial del aprendizaje. Así que, te propongas lo que te propongas, acepta de antemano que tienes muchos errores por delante, y solo corrigiendo constantemente la marcha, sin dejar de avanzar, llegarás a tu objetivo.

4.1 DEJAR EL PORNO

La flatline

Ahora que has entendido que el consumo de pornografía es adictivo, no te costará entender que, como en toda adicción, hay un síndrome de abstinencia que se experimenta al dejarlo.

La 'flatline' podría traducirse literalmente por 'línea plana', y es un concepto que la comunidad NoFap empleó para referirse a ese estado de desgana que puede surgir los primeros días o semanas tras dejar la pornografía y/o la masturbación (o cualquier sustancia o comportamiento adictivo).

'Línea plana' describe, por cierto, el 'encefalograma plano' que se muestra cuando no hay actividad en el cerebro. Algunas personas se sienten así, como zombies. Esta flatline no es más que un síndrome de abstinencia como el que puede ocurrir al dejar cualquier adicción. Es un período de recableado del cerebro, de reajuste del equilibrio normal.

Según los neurocientíficos y expertos en adicción, hay cuatro grupos de síntomas que pueden sentirse durante este periodo: ansiedad, irritabilidad, insomnio y disforia (tristeza o malestar).

Por supuesto, como es difícil poner nombre a lo que uno siente, estos síntomas encajarán más o menos con lo que experimentes. No obstante, este es un patrón bastante sistemático.

No todos los hombres experimentan esta flatline, pero es lo más común. Hay un pequeño conjunto que puede dejar de consumir pornografía sin problemas.

Para el resto de los mortales, los síntomas agudos de la flatline duran entre 2 y 30 días. Esto es consistente con lo que sabemos sobre cómo se recuperan los niveles de dopamina y cómo se regulan nuestras hormonas con la abstinencia, aunque este segundo factor no es tan relevante si sigues eyaculando.

La depleción severa de dopamina, como hemos visto, dura hasta 48 horas.

Para ejemplo, un informe médico de un experimento en el que a un voluntario se le administró un medicamento que producía niveles anormalmente bajos de dopamina:

> Siete horas después de la ingesta, disminuyó la intensidad de los estímulos auditivos y visuales que percibía. Experimentó cansancio y pérdida de motivación. Tras 18 horas, tenía problemas para incorporarse, se sentía exhausto. Su capacidad para expresarse verbalmente disminuyó. Tras 20 horas, empezó a sentir confusión. Miraba su reloj de manera obsesiva. Tras 24 horas, pensaba con dificultad, se sentía inquieto, su memoria a corto plazo estaba afectada. Sentía que sus pensamientos estaban fuera de control. Tras 28 horas, sentía vergüenza, miedo, ansiedad y depresión. En ese momento, empezó a sufrir espasmos en un párpado, una condición llamada 'blefarospasmo'. También sufría temblores e hipomimia, es decir, una cierta rigidez en los músculos faciales que dificulta expresar emociones. Tras 30 horas, se sentía tan cansado que durmió durante 11 horas seguidas. Tras 42 horas, seguía sufriendo mala concentración. Poco después, pudo volver a la normalidad.

Estos niveles tan bajos fueron conseguidos administrando un químico, y no es probable que tengas síntomas tan graves, pero te permite hacerte una idea.

De media, tus síntomas deberían mejorar a los 14 días, y definitivamente a los 30. Si no eyaculas con demasiada frecuencia, y consigues algunas rachas de retención seminal de más de 7 días, tendrás pequeños acelerones en tu recuperación, gracias a la optimización de niveles de testosterona.

Algunas personas hacen el reto de NoFap y siguen sintiéndose mal tras un mes sin ver porno, o experimentan síntomas negativos después de meses de progreso y beneficios.

Lo cierto es que estamos tratando con neuroquímicos y funciones cerebrales que no son exclusivos de la pornografía o la masturbación. No se puede esperar sentirse pletórico si uno es sedentario o tiene una dieta deficiente. No esperes ser inmune contra el estrés o la falta de sueño.

Incluso hay quien lo hace todo bien, pero por problemas previos de salud o enormes cargas emocionales con las que no ha lidiado, no experimenta beneficios.

Muchos hombres esperan magia y te traigo la mala noticia de que eso no va a ocurrir; pero, como establecí más arriba, el 80% de hombres pueden esperar el 80% de beneficios.

Si los síntomas negativos se alargan en exceso, empieza a analizar otras áreas de tu vida; estas son las cuatro más comunes y, a la vez, los errores que más frecuentemente son ignorados:

Alimentación

·Proteína insuficiente

·Predominan alimentos procesados en la dieta

·Falta de agua y exceso de bebidas energéticas, azucaradas, etc.

·Faltan frutas y verduras

·Cenar demasiado tarde

·Fritos

Sueño

·Horarios irregulares de sueño

·Ir a dormir con el teléfono o computadora, viendo la TV, etc.

·Dormir menos de 7 horas durante varios días seguidos.

Deporte

·Pasar demasiado tiempo sentado (varios periodos de más de 45 minutos en el mismo día).

·Hacer principalmente ejercicio de larga duración (cardio) y varias veces por semana.

·Entrenar con una intensidad superior a tu capacidad de recuperación.

<u>Estrés</u>

·Mantener la compañía de personas tóxicas o mediocres en lugar de evitarlas.

·Tratar de hacer demasiadas cosas en el día para compensar por el tiempo perdido.

·No saber decir que 'no'.

·No saber lidiar con los problemas cuando aparecen, callarlos y dejar que crezcan.

·Soledad, falta de tiempo de socialización.

·Exceso de tiempo en redes sociales, no tener reglas de uso de las mismas.

Cómo aumentar los niveles de dopamina naturalmente

Vamos a repasar qué ocurre en nuestro cerebro durante la flatline y con todas las tentaciones a las que nos vamos a enfrentar:

Sabemos que nuestro cerebro está descalibrado, que su umbral de recompensa es mayor del natural, y por tanto es probable que, durante dos semanas y quizás por un mes, suframos estos síntomas de abstinencia.

Nuestro cerebro está constantemente escaneando el entorno, y como estamos condicionados para buscar aquella gran recompensa con la que hemos inundado tantas veces nuestro cerebro de dopamina, cualquier elemento relacionado con esa recompensa nos la traerá a la memoria.

Cuando hablamos de pornografía y masturbación, es imposible escapar de este condicionamiento. El sexo es un reclamo empleado de forma masiva. La televisión y las redes sociales están repletas de contenido sugerente. Y no tenemos control alguno sobre cómo viste nadie.

Cualquier cosa que nos recuerde a nuestro consumo de pornografía y/o masturbación producirá un breve aumento en los niveles de dopamina; ahí es cuando nuestro cerebro hace la conexión, con la esperanza de que repitas el patrón adictivo. Inmediatamente los niveles de dopamina disminuyen, haciéndote sentir incompleto y ansioso. Una vez empiezas a tomar las medidas necesarias para proporcionarte la recompensa (por ejemplo, abrir el navegador en tu teléfono), la dopamina vuelve a aumentar.

Por tanto, una de las estrategias a nuestro alcance para luchar contra la tentación y facilitar el recableado es estimular naturalmente nuestros niveles de dopamina. Recuerda que no queremos ningún estímulo exagerado, porque eso desestabilizaría de nuevo nuestra sensibilidad a la dopamina e interferiría con nuestra mejora.

Esto incluye borracheras y uso de otras drogas, atracones de comida, maratones de series y videojuegos, etc.

Pero esto no significa que no podamos disfrutar. Principalmente porque hay infinidad de cosas que puedes hacer, y también porque podemos estimular nuestros niveles de dopamina de manera sostenible.

Esta es una lista de opciones relativamente asequibles:

·Exponte a la luz solar

·Alimentos ricos en butirato (como la mantequilla)

·Haz ejercicio

·Escucha música (con moderación)

·Café o té (con moderación)

·Meditación

·Mucuna pruriens (suplemento)

·Tirosina (suplemento)

·Exposición al frío

·Visita lugares nuevos y ten experiencias nuevas

·Ejercicios de respiración que incluyan hipoxia (te enseñaré uno)

·Minimizar el tiempo sentado

·Yoga

·Ayuno intermitente (no recomiendo ayuno prolongado en este periodo).

·Sal

·Frutas

·Bacopa (suplemento)

·Sauzgatillo

·Clavo (especia)

·Creatina (suplemento, aunque abundante en la carne)

·Cúrcuma

·Folato (vitamina B9)

·Ginseng

·Maca

·Magnesio

·Rhodiola

·Hipérico

·Vainilla

·Vitamina B6

·Zinc

Recaídas

Este es uno de los temas más polémicos, y parte de la culpa la tenemos nosotros, nuestra comunidad.

Si estás intentando dejar de fumar, por ejemplo, y consigues pasar cinco días sin hacerlo, pero al quinto día te fumas un cigarro, eso se considera una recaída. Ya no llevas cinco días sin fumar, llevas cero. Si te arrepientes a mitad de camino y apagas el cigarrillo sin terminarlo, llevas cero días. Si lo apagas después de una calada, llevas cero días.

De la misma forma, en la comunidad hay una enorme confusión acerca de lo que se considera una recaída. El principal problema es que la gente le da más importancia a ganar un reto que a dejar un hábito o adicción.

Como digo, parte de la culpa es mía. Puede que tú mismo hayas hecho un reto de NoFap organizado por mí. Todos los años organizamos al menos uno.

Es una manera de dar a conocer nuestro estilo de vida, pero no es la estrategia óptima para dejar una adicción o cambiar de hábitos. Para lograr esto, necesitamos reaprender o desaprender.

Imagina que te inscribes a una clase para aprender chino y, en el primer error que cometes, te expulsan hasta el curso que viene. No es la manera óptima de aprender, ¿no?

La manera óptima es asumir que vamos a cometer errores porque los errores son parte del aprendizaje. La importancia hay que ponerla en nuestras herramientas para que los errores nos impulsen a ser mejores, y no en el error en sí mismo.

Pero muchos hombres que hacen el reto en lo único que se centran es en si deben reiniciar el contador y volver al día 0 o si pueden seguir contando sus días y llegar por fin a 30, 60 o 90. Esto es secundario, lo importante es aprender.

En mi metodología de trabajo, considero una recaída cualquier comportamiento en el que yo me había propuesto no incurrir.

Por ejemplo, si estoy en Modo Fácil y veo porno, eso es una

recaída. Si estoy en Modo Fácil y tengo sexo, eso no es una recaída.

Pero, ¿qué hacemos con las zonas grises? ¿Y si ves porno, pero solo durante cinco segundos? ¿Y si empiezas a masturbarte pero no eyaculas?

Esta es una regla sencilla para determinar qué es una recaída y qué no. Hazte estas tres preguntas:

1. *Este comportamiento, ¿es algo que quiero reforzar o que quiero corregir?*

También:

2. *Esto que he hecho, ¿contribuye y ayuda a mi cambio de comportamiento, o lo dificulta?*

Y por último:

3. *¿Hasta qué punto depende de mí lo que acaba de ocurrir?*

Por ejemplo, si estás en Modo Fácil pero te puede la tentación y entras a una página porno aunque sea por cinco segundos… debes considerarlo una recaída. Es un comportamiento que obstaculiza tu progreso. Recuerda que estamos intentando debilitar unas rutas neuronales y fortalecer otras.

Te animo a que, honrando tu masculinidad, reflexiones sobre lo que realmente te permites y no te permites. No sigas las reglas de nuestros retos sin plantearte qué quieres conseguir, de qué estás convencido y qué no tienes claro.

Tengo alumnos que, a pesar de conocer mi teoría sobre ciertas prácticas y mi definición de lo que es una recaída, usan reglas distintas. Puedo no estar de acuerdo, pero es respetable. Prefiero que tengas tu propio criterio si sabes justificarlo.

Pero, de la misma manera, te pido que no te engañes. Estamos tratando con adicciones. Tu cerebro te dirá que 'no pasa nada por cinco minutos'. Está en tu mano aprender esto por las buenas o por las malas.

En cualquier caso, en el siguiente capítulo te compartiré una estrategia esencial para cambiar cualquier hábito o comportamiento adictivo.

Cómo analizar una recaída

Ahora que ha empezado tu camino para dominar tu energía sexual, el mayor obstáculo está dentro de ti. Son los patrones y hábitos que has interiorizado hasta ahora y que van a luchar muy fuerte por sobrevivir.

Nuestro cerebro quiere constantemente ahorrar energía. Y una de las herramientas más efectivas para hacerlo son los hábitos.

Cuando ejecutamos algo 1000 veces, lo tenemos tan interiorizado que, aunque estemos pensando en otras cosas, no cometemos errores. Sin embargo, hacer cualquier cosa por primera vez es un infierno para tu cerebro.

Las primeras veces que intentes dejar de ver porno, te darás cuenta de que tu cerebro acude a este contenido en piloto automático. Probablemente no seas consciente hasta que sea demasiado tarde.

La estructura de un hábito consta de tres partes:

·Disparador
·Rutina
·Recompensa

Por ejemplo: suena la alarma de tu teléfono (disparador), aprovechas para mirar tus redes sociales (rutina) y sacias la curiosidad y el condicionamiento que has creado en tu cerebro por saber si tendrás mensajes nuevos (recompensa).

La parte central, la rutina, es aquello que queremos evitar. Por supuesto, puedes usar tu fuerza de voluntad. Pero la fuerza de voluntad es una energía muy limitada. Es un combustible que podrás usar pocas veces durante el día. Y, de hecho, está afectada por tus niveles de estrés, tu estatus energético, etc.

Todo aquel que confíe en su fuerza de voluntad para cambiar su comportamiento está condenado al fracaso. A esto lo llamamos en la comunidad 'reiniciar por fuerza bruta'; en lugar de trabajar en un nuevo estilo de vida y analizar nuestros patrones, pensamos que vamos a resistir la tentación solo porque 'estamos motivados'.

En el 99% de casos te espera la derrota.

Entonces, ¿cómo cambiamos un hábito o comportamiento interiorizado?

No podemos intervenir al final, durante la recompensa, porque entonces la rutina o comportamiento ya la habremos ejecutado y es precisamente lo que queríamos cambiar.

Si intentamos simplemente alterar la rutina, estamos luchando contra el condicionamiento de semanas, meses o años de un comportamiento repetido, contra nuestro propio cerebro funcionando en piloto automático. No es imposible, pero no es la opción inteligente.

La opción inteligente consiste en intervenir en el nivel de los estímulos. Con un ejemplo sencillo: si elimino de mi casa los caramelos, es mucho más fácil no comer caramelos.

Por supuesto, cuanto más fuerte sea el hábito, más esfuerzos pondremos en encontrar nuestra recompensa a pesar de todo, y más cosas nos recordarán a la misma. Debemos, entonces, refinar nuestras estrategias.

Una vez tenemos claro el marco teórico, vas a necesitar un diario. Puede ser una libreta o cuaderno y de hecho recomiendo estas opciones analógicas, pero también un documento en tu ordenador o una nota en tu teléfono.

En ese diario vamos a anotar cualquier evento significativo en relación al hábito que queramos cambiar. En esta fase, donde estamos empezando por dejar el porno y quizás también la masturbación, podemos anotar todas las ocasiones en las que nos sentimos tentados.

Es importante incluir todos los detalles posibles, porque luego nos van a servir para completar el mayor ejercicio de autoanálisis que puedes hacer: lo llamamos *taller de recaídas.*

Siempre que tengas una recaída (y ahora ya sabes juzgar por ti mismo qué lo es), contesta las siguientes preguntas:

·**Fecha y hora exactas**

·**Lugar exacto**. 'Mi habitación' no es exacto. ¿Fue en tu cama? ¿En la silla? ¿Qué silla?

·**Describe el momento en que has perdido el control**. Probablemente no has estado las 24 horas viendo porno / masturbándote. Estabas teniendo una vida. Pero, de repente, algo te sugirió la idea de recaer, y poco a poco te superó. ¿Qué fue ese disparador? ¿Qué estaba pasando en ese momento? Esta parte es importante, porque te familiariza con un punto de transición en el que pasas de ser racional a estar controlado por tu impulso. Cuanto más reflexiones sobre esta transición, más poder ganarás sobre ella.

·**Describe el contexto en el que ha sucedido tu recaída y las horas y día anteriores:**

    Contexto social: con quién has pasado el día o con quién has tenido contacto, qué habéis hecho, etc.

    Contexto temporal: toda la cadena de eventos en orden

inverso, sobre todo aspectos inusuales o inesperados de ese día.

Contexto psicológico: ¿qué discurso mental estabas teniendo durante el acto? ¿y antes? Es decir: ¿qué pasaba por tu cabeza?

Contexto emocional: ¿cómo te habías estado sintiendo esos días? ¿cómo te sentías en las horas y minutos antes de recaer?

·**Determina cómo podrías haber hecho imposible la recaída.** Esta pregunta desanima a muchos, porque no entienden que una recaída pudiera haber sido imposible. Y quizás tengan razón. Pero haciéndonos esta pregunta es como daremos con respuestas verdaderamente útiles. Hay dos formas de hacer una recaída imposible: eliminar los disparadores o ponernos obstáculos. Lo más útil es imaginar escenarios alternativos a toda la secuencia de eventos que nos ha llevado a recaer, centrándonos en lo que depende de nosotros (no te preocupes, he leído más de 800 ejercicios de este tipo y analizaré un par de ejemplos para ti); luego, elige aquel cambio que, con mayor probabilidad, habría evitado tu recaída.

·**Determina qué puedes hacer ahora mismo para facilitar tu nuevo comportamiento.** 'Ahora mismo' quiere decir *ahora mismo*. Y 'hacer' quiere decir *hacer*. Hacer no es 'decidir' ni 'reflexionar'. Si empiezas a tomar acción inmediatamente al terminar tu taller de recaídas, te aseguras de tenerlas todas contigo la próxima vez que estés tentado.

Como he dicho, analicemos varios ejemplos: no te imaginas lo importante que es este ejercicio. Te puedo asegurar que este camino es fácil si 1) detectas tus patrones de comportamiento y los intervienes, y 2) encuentras un motivo de bienestar interior, una vida que disfrutes.

Lamentablemente, muchos no se toman en serio esta herramienta. Muchos no la usan, y otros tantos responden de forma vaga.

Pondré un ejemplo incorrecto y otro correcto de cada sección del taller. Todo son ejemplos reales.

<u>Lugar exacto</u>

Respuesta incorrecta: 'mi cuarto'.

Sin comentarios, ¿no?

Respuesta correcta: 'Sentado en una silla en la habitación de mi madre'.

<u>Momento en que has perdido el control</u>

Respuesta incorrecta: 'Fue cuando entré a una página de scorts'.

Esta respuesta no describe lo que pide el enunciado. En cuanto la persona ya ha entrado a la página de scorts, es porque ha perdido el control anteriormente. Sin datos sobre los momentos anteriores, no podemos intervenir el hábito.

Respuesta correcta: 'Estaba haciendo trading y esperando que se formara alguna entrada. Los que estaban en la casa de mi madre se fueron y quedé solo; entonces me dan ganas de ver P en Twitter debido a los recuerdos de ayer. Abrí el Twitter, busqué los perfiles y vi hasta que regresaron mis familiares'.

Contexto social de la recaída

Respuesta incorrecta: 'Estaba solo'

Se entiende que, si estabas viendo porno o masturbándote, estabas solo. La pregunta no se refiere al momento exacto de la recaída, sino a los minutos, horas o días anteriores.

Respuesta correcta: 'En el día tan solo he entrado en contacto con mi compañero de piso. También he visto a unas amigas desde la ventana de mi casa y las he saludado. Me han dicho que me fuese a tomar una cerveza con ellas pero rechacé porque estaba haciendo la comida y prefería quedarme en casa viendo una película. Ayer estuve con ellas y mantuve una conversación bastante agradable con ellas, hasta que llegaron dos amigos más y la conversación pasó a tener un cariz más superficial. Después fuimos a casa y el vecino del primero estaba haciendo una fiesta, así que nos metimos a ver qué tal. Yo no quería estar ahí, quería irme ya a casa a dormir. No estaba cómodo e hice un poco de tiempo allí hasta que me decidí a irme. Estas últimas semanas no me he sentido cómodo en compañía de gente. Me he notado apagado y sin ganas de socializar o sin interés por aquellos que me rodean. Hay una amiga de la que estoy bastante cansado y me irrita su personalidad, pero no puedo alejarme de ella porque está en el mismo círculo de gente que yo. Asimismo hay muchas personas en los grupos que frecuento actualmente cuya superficialidad y ordinariedad me irritan y agotan'.

Contexto temporal

Respuesta incorrecta: 'Lo inusual fue ver imágenes de mujeres en Facebook'.

No es incorrecto mencionar hechos inusuales; pero esto no es lo único que exige la pregunta.

Respuesta correcta: 'Fui a trabajar de 8 am.- 6 pm todo el día le daba vueltas a la situación de la ruptura que tuve con mi novia hace 3 semanas, tenía muchos pensamientos negativos, ira, desconfianza, me sentía sin control, salí a las 6 y estuve en las redes y como a los 40 minutos recaí'.

Aunque es muy mejorable, y mezclada con otros aspectos (por ejemplo, emocionales), describe una secuencia más o menos lineal de lo que sucedió en el día.

Contexto psicológico

Respuesta incorrecta: 'que yo recuerde nada sobre sexo, estuve bastante enfocado en mi nuevo ambiente hasta que me quedé solo'.

Aunque no estuviera pensando en sexo, hay muchos otros factores relevantes. Puedes estar pensando en tu futuro, o repasando una situación del pasado. Puedes haber pensando en una persona en concreto, etc.

Respuesta correcta: 'En las razones por las que debería o no romper con mi novia. Por ejemplo, que si rompía podía preocuparme más en mi desarrollo personal, pero que también estaría mucho más solitario, en que quería romper con mi novia para estar con mujeres diferentes, en que me gustaría tener mejor sexo, tenía imagenes sexuales, etc.'.

Contexto emocional

Respuestas incorrectas: 'Me sentía cansado'; 'bien, listo para dormir'.

Estas respuestas no describen emociones, y se ciñen a un momento muy limitado. A veces nos es difícil establecer estas asociaciones, pero cómo lidiamos con ciertas emociones a lo largo de un mismo o varios días afecta a nuestro autocontrol.

Respuesta correcta: 'Me sentí decaído, triste, solo y sin ganas de hacer nada'.

¿Cómo podrías haber hecho imposible la recaída?

Respuesta incorrecta: 'Me comprometo a tomarme esto con la atención que requiere. Voy a dejar de lado mi forma de pensar antigua y voy a seguir adelante': apuesto a que esta persona no tardó mucho tiempo en volver a recaer. Este discurso en realidad no responde a la pregunta, es un discurso motivacional que puede animarte en el momento, pero no una estrategia para evitar un disparador mental; otro ejemplo parecido: 'Mentalizándome que recaer solo me hará sentir peor. Más vulnerable'.

Respuestas correctas: 'Mejorar mi alimentación para no depender de energizantes': esto quizás no haga *imposible* la recaída, pero si no hemos podido identificar una mejor causa, al menos tenemos un rumbo de trabajo; 'Durante estos días, trabajar por fuera de mi apartamento, en un lugar donde no esté solo': esta es muy útil y, por mi experiencia, efectiva; 'planear tres horarios para una meditacion y reflexion profunda, con bloqueadores limitar el consumo erótico y además las series donde hay fuerte contenido sexual';

<u>¿Qué puedes hacer ahora mismo para facilitar tu nuevo comportamiento?</u>

Respuesta incorrecta: 'No beber alcohol en cualquier fiesta'; esto evidentemente no es algo que puedas hacer ahora mismo.

Respuesta correcta: 'ahora mismo cerré las sesiones de mis redes sociales'

El poder de la honestidad

Es muy recomendable que, si vas a emprender este camino, y especialmente si te es difícil, tengas a alguien con quien hablarlo.

Por este motivo, en mi comunidad nos reunimos todos los días del año, nos vemos las caras, nos escuchamos, y todos saben que pueden hablar abiertamente de lo que esté ocurriendo en sus vidas.

Ser honestos acerca de nuestros propios defectos y tropiezos es esencial, porque ver porno y masturbarnos es algo que solemos mantener en privado; si también mantenemos en privado nuestro propósito de dejarlo, estamos creando una doble personalidad que nos va a agotar psicológicamente.

El primer paso para convertir un tropiezo en una oportunidad de aprendizaje es la aceptación. ¿Y qué mayor acto de aceptación que compartir tu tropiezo con otra persona? Si te lo guardas para ti, en secreto, hay una parte de ti mismo para la que no será real. Seguirás siendo esa persona capaz de ocultar sus defectos y problemas ante los demás.

La honestidad, es decir, contarnos historias reales acerca de nuestros deseos y defectos, implica emplear zonas del cerebro que nos ayudan en nuestro autocontrol.

Y de la misma manera, escuchar y aceptar a otra persona cuando nos comparte su dolorosa verdad, crea un vínculo con ella (en parte gracias a la oxitocina, de nuevo). Este vínculo aumenta nuestro comportamiento prosocial, lo cual, a su vez, fortalece nuestro autocontrol.

Así que ya sabes: lo peor que puedes hacer es llevar esto en soledad. Busca ese amigo con el que sabes que puedes hablar, cuéntale tu objetivo. Esto cuenta para cualquier tipo de adicción o problema que tengas.

Y este es el motivo por el que, desde hace años, incorporé los grupos y reuniones a mis formaciones.

Bloqueadores de pornografía

Muchos hombres en la comunidad (que no han leído este libro) le dan una importancia excesiva a la motivación y la fuerza de voluntad.

Piensan que poniéndose a prueba, este autocontrol será como un músculo que fortalezcan. Y no es así. El autocontrol es más un combustible que un músculo. Es más eficiente tratar de no usarlo que ponerlo a prueba constantemente.

Aplicando esta lógica a los bloqueadores de pornografía, muchas personas que nunca han logrado rachas largas pretenden hacerlo sin usarlos, o recomiendan esto de manera irresponsable a los que empiezan.

Se escudan, además, en la obviedad de que ningún bloqueador es infalible; pero, de hecho, no hace falta que lo sea. Solo debe plantear un obstáculo suficiente como para calmarte cuando tienes un impulso, o que implique tal esfuerzo e incomodidad que desestimes la posibilidad de tratar de desbloquearlo.

En mis formaciones he incorporado a un equipo de informáticos que asisten de manera personalizada a cada uno de los alumnos para crear un sistema de capas múltiples que haga lo más difícil posible acceder al material erótico.

Para ti, lo mejor que puedo hacer es darte una lista actualizada de aplicaciones que actualmente nuestro equipo está usando:

·Bulldog Blocker

·BlockerHero

·Blokada 6

·Netfencer

·BlockerX

7 hábitos maestros de NoFap

Por último, es hora de redirigir todo el tiempo y energía que vamos a ganar en una serie de hábitos que a mi juicio son esenciales.

Verás, este estilo de vida no es para todo el mundo. Si no tienes ambición alguna de mejorar tu vida, no harás este sacrificio.

Para poder dar lo mejor de ti y mejorar día a día, deberías incorporar estos siete hábitos:

Ejercicio

Aquí tienes un abanico enorme de opciones. Lo tuyo puede ser la natación o el boxeo, pero un cuerpo en movimiento es una mente sana. Hemos evolucionado para estar constantemente realizando esfuerzos, no sentados en una silla 8 horas al día.

En función de tu salud, haz ejercicio más o menos intenso, pero muévete todos los días. Si no tienes claro por dónde empezar o no te ves con energía, hazte dos preguntas: ¿qué deporte o actividad física disfruto? ¿qué es lo más fácil para mí ahora mismo?

Meditación, respiración, relajación

Si la pornografía reduce tu sensibilidad a la dopamina, la meditación la aumenta. No te dejes abrumar por toda la información que hay sobre el tema, ni empieces con meditaciones de 40 minutos. Dedica una tarde a recopilar varias meditaciones guiadas breves (10-20 minutos) y pruébalas hasta que conectes con alguna.

A mí me decepcionó tanto cómo se enseña a meditar que creé el Sistema de Meditación Binaural, un método progresivo de meditación con sonidos binaurales. Pero cuenta con que las opciones son infinitas y se trata de probar.

Por ser totalmente honesto contigo, y aunque la meditación me parece un hábito esencial, dado que puedes tardar semanas o meses en hacerlo correctamente a veces es más eficaz realizar determinados ejercicios de respiración o relajación. Se trata de dar espacio a tu mente para reponerse y resetearse.

Puedes buscar ejercicios de pranayama, respiraciones tipo Wim Hof, o simplemente pasear por la naturaleza o hacer lo que más te relaje.

Diario

Un diario es la mejor manera de reforzar ciertos patrones neuronales. Nos convertimos en aquello que hacemos día a día, pero si además reflexionas sobre ello, vas a implicar más partes de tu cerebro y acelerar tu cambio.

No hay nada que disfrute más a primera hora, con el cerebro fresco, que tener ese espacio para analizar dónde estoy en mi vida, valorar mis avances, ayudarme a mí mismo con mis tropiezos y errores desde una posición privilegiada.

Escribe sobre lo que piensas, lo que te pasa en el día a día, lo que sientes… pero escribe, todos los días.

Socializar

La parte de tu cerebro que gestiona tus relaciones sociales es la misma que se activa cuando necesitas fuerza de voluntad. Cuantas más relaciones tengas que gestionar, más fuerte será esa parte.

Algunos aprovechan para iniciarse en la seducción, otros hacen networking para sus negocios, y también tienes la opción de asistir a eventos grupales en tu ciudad para realizar actividades con desconocidos.

O tomar tu agenda telefónica y preguntarte con quién tienes que ponerte al día.

La cuestión es socializar y decirle a nuestro inconsciente que tenemos alianzas fuertes y una tribu.

Ayuno de dopamina

Con esto quiero decir gestionar conscientemente el uso que haces de la tecnología. La luz azul que emiten las pantallas es totalmente disruptiva para nuestros ritmos biológicos. Cuanto menos tiempo dediques a usar tecnología, mejor.

Hay varios formatos que puedes usar: un número máximo de horas al día, proteger las primeras y últimas horas del día, bloquear un día entero a la semana sin tecnología... En cualquier caso, es esencial proteger a tu cerebro de estos estímulos artificiales.

Tu pasión

Como he dicho, este estilo de vida no es para todos los hombres: debes tener aspiraciones, o jamás harás el sacrificio. Dedica tiempo a reflexionar sobre qué vida quieres sin dejarte limitar por tus miedos o creencias.

Personalmente, siempre busco la intersección entre mis talentos (¿qué se me da naturalmente bien, y aprendo mucho más rápido que otras personas que dedican el mismo tiempo o más?), mis pasiones (¿qué pagaría por hacer o puedo hacer durante horas, perdiendo la noción del tiempo?) y las casualidades. Interpreto las casualidades o coincidencias como señales que me da la vida para tomar el camino adecuado, siempre que vayan alineadas con mis talentos, pasiones y valores.

Es tan importante tener un objetivo ambicioso en mente que muchas de mis formaciones empiezan con ejercicios de este tipo.

Lavado de cerebro

'Lavado de cerebro' puede sonar un poco fuerte, pero si lo piensas bien nos lo ensucian desde que somos niños. No tienes más que pensar en todas las mentiras que he analizado en este libro.

El lavado de cerebro es una manera adicional de reforzar nuestro compromiso y asistirnos a la hora de comprendernos y cambiar nuestro comportamiento. Incluye lecturas sobre desarrollo personal, participar en comunidades online, escuchar las historias de los demás hombres del movimiento y ayudarles, etc.

Es ese pequeño momento durante el día o la semana en que alimentas tu cerebro con información útil para tu objetivo.

Una de las formas más eficaces de poner en práctica este hábito es leer o escuchar testimonios de otros hombres. En mi canal tienes docenas de testimonios reales grabados con mi voz, leídos exactamente como me los enviaron esos compañeros.

4.2 DEJAR LA MASTURBACIÓN

Dado el gran coste de oportunidad que el hombre paga en términos de adaptaciones neuroquímicas cada vez que eyacula, desperdiciar esta energía masturbándose parece una decisión estúpida.

La metodología de este apartado debe ser construida sobre lo que has visto en el apartado 4.1: el análisis de tus tropiezos, el poder del grupo, y los hábitos maestros.

Una vez establecidas las bases, dejar la masturbación por completo requiere dominar una serie de técnicas que tienen que ver esencialmente con la relajación y la estabilización de tu energía.

En este capítulo, empezaremos por facilitarte algunas

estrategias de emergencia, es decir: técnicas que puedes aplicar cuando sientas que vas a perder el control.

La medida en que sean efectivas para ti dependerá de factores subjetivos, así que no te frustres si alguna no te funciona, porque encontrarás tu técnica ideal.

Y recuerda: lo prioritario es ser capaz de aplicar el taller de recaídas correctamente, conocerte y ser un buen estratega para evitar situaciones de emergencia. Hazte bueno evitando las emergencias, no luchando contra ellas.

El siguiente apartado te enseñará técnicas de estabilización de la energía. Algunas adaptaciones, responsables de muchos beneficios, también se pueden volver en tu contra si tienes más energía que aquella con la que sabes lidiar; estas técnicas te ayudan a calmar tu sistema nervioso.

Pero lo óptimo no es disipar esa energía, sino emplearla para fines no sexuales. Las técnicas de circulación de la energía te permiten trabajar con la energía de tu propio cuerpo y equilibrarla. Piensa en la excitación sexual como un exceso de energía en tu centro energético sexual: si mueves esa energía, equilibras el balance energético de tu cuerpo, evitas los efectos secundarios del exceso de energía, e instantáneamente te sentirás más armonioso.

Por último, hablaremos de la famosa transmutación de la energía sexual: cómo canalizar esta energía para producir cambios increíbles en tu vida, a nivel interno y externo.

Estrategias de emergencia

No puedo insistir lo suficiente: esta no es la parte más importante del libro. Ni mucho menos.

Si has leído *El Arte de la Guerra*, verás que realmente la mayoría de consejos no tienen que ver con la batalla, sino con la estrategia. Si puedes vencer sin luchar, eso es lo que te hace un gran general.

No obstante, es mejor enfrentarse a este tipo de momentos, cuando tu deseo sexual te está dominando, habiendo leído los siguientes consejos...

Distinguimos cuatro tipos de estrategias de emergencia:

<u>Estrategias físicas</u>

Ejercicio: la demanda del ejercicio físico desvía la sangre y distrae la mente. Algunos de los ejercicios recomendados en este apartado son las flexiones o la plancha abdominal, que pueden realizarse en cualquier espacio.

Frío: si tienes la oportunidad de darte una ducha fría, esto te reseteará por completo. Otro método consiste en tener una compresa en el congelador, tal y como se usan en prácticas deportivas en caso de contusiones, y aplicarla sobre la zona genital (quizás protegiendo la piel con una capa fina).

Dolor: es una opción extrema, pero efectiva para algunos. Una goma en la muñeca es lo más habitual.

Respiraciones: la respiración, como verás, es una de las herramientas más útiles para controlar nuestro sistema nervioso. Realizar un par de respiraciones profundas y lentas puede calmarte completamente en un par de minutos. En las siguientes páginas verás varios ejemplos de respiraciones que puedes usar.

Estrategias ambientales

Consisten esencialmente en salir de donde estés y cambiar totalmente de contexto. Si no te es posible salir de casa y dar un paseo, cambia a otra habitación. Parte de tu reacción ante los estímulos está determinada por factores ambientales, por lo que jugar con este apartado es muy útil.

Estrategias espirituales

Si la espiritualidad tiene un papel en tu vida, definitivamente va a ayudarte. Estrategias de este tipo implican orar en los momentos difíciles, hacer un voto sagrado o sencillamente admitir que no podemos luchar solos y pedimos la asistencia divina.

Estrategias sociales

Si tu caso no es tan extremo que llegarías a masturbarte en público, evidentemente la compañía te será de ayuda. Más asequible es, por ejemplo, llamar a un compañero que entienda lo que estás haciendo o incluso esté en el mismo camino. Con cinco minutos charlando tu compromiso saldrá reforzado y estarás más sereno.

En mi comunidad incorporamos esta herramienta y emparejamos a todos los hombres que se unen. De esta manera, además del apoyo grupal, pueden establecer lazos más cercanos entre sí, y abrirse de una forma que se dificulta más en grupo.

Fantasías sexuales

Este es quizás el mayor de los obstáculos para un hombre que quiere dominar su energía sexual.

Hay múltiples testimonios sobre esto en todas las tradiciones imaginables: el sendero del monje está asaltado continuamente por la tentación del sexo. Y, aunque este no sea tu camino, será una de las batallas que tengas que vencer.

La primera reflexión que hago siempre tiene que ver con el origen, la esencia de las fantasías. ¿Por qué fantaseamos? Algo evidente es que no fantaseamos con la realidad inmediata.

Cuando estás practicando un deporte, por ejemplo, no fantaseas con ese deporte. De hecho, no fantaseas, puesto que la realidad te exige atención.

Es solamente cuando la atención está dispersa que la puerta a las fantasías se abre.

La fantasía es un fenómeno compensatorio. Cuando la realidad presente es insatisfactoria (baja dopamina), el cerebro produce su propia droga, un sucedáneo de la experiencia real.

Siempre comparo esto con las fotografías de las agencias de viajes: ¿prefieres ver una fotografía de una playa de Tailandia o estar realmente allí? Aunque digan lo contrario, la mayoría de personas prefieren la fotografía, porque, aunque la recompensa sea muy menos rica sensorialmente, el esfuerzo de mirar una fotografía es nulo.

Te ahorras el dinero del viaje, y te ahorras las múltiples aristas incómodas (lluvias, la barrera del idioma, la desorientación en un sitio nuevo, los insectos…).

Las fantasías nos permiten conformarnos con un sucedáneo de lo que realmente deseamos. El coste es mucho menor; la recompensa, ficticia.

Así, ya hemos revelado la primera clave para luchar contra las fantasías sexuales: evitar la ociosidad. Las fantasías tienen poca ocasión de atacar a personas activas y ambiciosas, porque no tienen tiempo que desperdiciar, ni insatisfacción que compensar.

Te dejo algo claro: no se pueden evitar las fantasías sexuales. La mente produce y produce contenido, muchas veces sin nuestro control. No se puede luchar contra la naturaleza de la mente, pero sí alimentarla correctamente y situarla en contextos favorables.

Este primer contexto es una vida de propósito y acción.

Una segunda regla para lidiar con las fantasías sexuales consiste en adquirir consciencia y el hábito de eliminarlas lo antes posible. Las fantasías sexuales son como un tímido fuego que empieza siendo inofensivo; si se le deja crecer y consumirnos, puede arrasar con todo y arrastrarnos.

Así que apaguemos el fuego mientras sea débil. Esto implica un ejercicio de autoconocimiento, y seguir el rastro de migas de pan para entender qué disparadores activan nuestras 'películas mentales'. Si he recordado a esta u otra chica, ¿por qué ha sido? (Repasa el taller de recaídas de la sección 4.1).

Ahora bien, ¿de qué armas disponemos a la hora de la verdad?

La más potente es la más difícil de adquirir, que es la capacidad de evadir pensamientos y dejarlos pasar. Esto no es algo que se aprenda de la noche a la mañana, y por eso la meditación, en cualquier forma, es esencial para este estilo de vida.

Algo más asequible a cualquier usuario consiste en lo que llamamos 'salvapantallas mental'. La mente solo puede centrarse en una cosa. Si estás viendo un partido de fútbol, no puedes estar preocupado por tus finanzas; si estás preocupado por tus finanzas, no estás viendo realmente el partido de fútbol.

Hay ciertas cosas que son especialmente cautivadoras para tu mente, y la combinación de imagen y emoción se lleva el premio.

El salvapantallas mental consiste en utilizar la fantasía contra la fantasía: fantaseamos con una situación que simbolice nuestra máxima aspiración o ambición. Nos imaginamos a nosotros mismos recogiendo un premio, logrando ese objetivo, visitando ese país, conociendo a esa persona...

Es importante visualizar con el máximo detalle esta situación a la que aspiramos, y que sea algo extremadamente motivador. Si te despierta emociones positivas, vas por el buen camino.

Ahora falta una clave: la transición. Necesitamos conectar la fantasía sexual con nuestra imagen mental motivadora. Algunas transiciones que nuestros alumnos han empleado son:

·Una cortina de humo que oscurece la fantasía sexual y hace

aparecer nuestra imagen motivadora.

·La lluvia empañando la fantasía sexual.

·Una explosión que destruye la fantasía.

·La fantasía se rompe como un cristal en cien pedazos.

·La fantasía se aleja y desaparece.

Experimenta mentalmente con lo que más te funcione y, cuando tengas tu salvapantallas mental, recuerda: cuanto más lo uses, mejor resultado da.

Te quiero dejar también con una reflexión, además de un ejercicio de introspección muy útil:

Cuando tengo una fantasía, es porque intento compensar la insatisfacción con mi realidad inmediata. En cuanto detectes que estás fantaseando, pregúntate:

¿De qué estoy intentando huir o evadirme?

Busca dentro de ti cualquier malestar:

·Físico

·Psicológico (especialmente discursos mentales negativos).

·Emocional (solemos evadirnos para evitar sentir).

Te garantizo algo: si tienes la valentía de enfrentar este dolor, sea del tipo que sea, durante unos minutos, de abrirte ante lo que te quiere decir… en el 90% de los casos desaparece.

Es solo la inconsciencia lo que cronifica el dolor.

Estabilización de la energía

La mayoría de hombres viven sus vidas con déficit de energía, pero lo contrario, si no se sabe gestionar, puede ser problemático. No quieres tener una energía incontrolable cuando, por ejemplo, estás intentando dormir.

Así que te presento una serie de técnicas para activar tus mecanismos naturales de relajación. Como siempre, pruébalas, experimenta, juega, y quédate con aquello que te funcione a ti.

Bostezar

El bostezo es un gran activador del sistema nervioso parasimpático. Si intentas forzar un bostezo varias veces, seguramente empieces a bostezar de forma espontánea. Intenta conseguir bostezos cada vez más rotundos e intensos, te sorprenderá lo cohibido que tenemos este impulso natural.

<u>Respiración en caja</u>

Esta es una técnica de respiración sumamente sencilla y lo que suelo recomendar a quienes empiezan desde cero con la meditación. La respiración normalmente tiene cuatro tiempos: la inhalación, una pausa, la exhalación, y una segunda pausa. La respiración en caja hace coincidir la duración de estos cuatro movimientos, por lo tanto consiste en:

Inhalar durante X segundos.

Retener el aire durante X segundos.

Expulsar el aire durante X segundos (ni más, ni menos).

Aguantar vacío de aire durante X segundos.

Y repetir.

Se suele empezar por una medida de cuatro segundos, asequible para todos, pero en mis talleres hemos llegado a respirar una sola vez por minuto (quince segundos por movimiento).

Usa esta medida de cuatro segundos aunque sea por cinco minutos al día. Progresivamente, puedes aumentar la duración de cada movimiento y el tiempo que dedicas a la práctica.

Nadi Shodhana / Respiración Nostril

En la filosofía hinduista, las fosas nasales coinciden con dos canales energéticos complementarios. Siglos después, la ciencia confirmó que, efectivamente, la activación de las ramas simpática y parasimpática del sistema nervioso está relacionada con la fosa nasal por la que respires.

Pensarás que respiras a través de ambas fosas nasales todo el día, pero lo cierto es que hay un ciclo y, en cada período, estás tomando más aire por una de tus fosas nasales (haz la prueba ahora mismo si quieres).

Esta respiración tiene dos versiones, y te animo a probar ambas para comprobar qué te funciona mejor.

Ejercicio 1: con el dedo pulgar, obstruye una de las fosas nasales apretando contra la nariz. Respira durante 5 minutos únicamente a través de ese lado de la nariz. Después, respira por el lado contrario. Uno de esos lados debería activarte y el otro relajarte más, así que ya sabes qué hacer cuando necesites calmar tu sistema nervioso.

Ejercicio 2: sitúa tus dedos pulgar e índice a sendos lados de tu nariz. Presiona uno de ellos para obstruir el paso del aire. Expulsa todo el aire que tengas retenido a través del lado libre, y tras una pequeña pausa, vuelve a tomar aire; antes de expulsarla, libera la fosa obstruida y presiona la otra, y ahora exhala para que el aire salga por el lado libre. Repite el proceso durante al menos cinco minutos.

Circulación de la energía

La energía tiene múltiples dimensiones, y una de ellas corresponde al plano corporal. En este plano, la energía trabaja de manera bidireccional. Pongamos un ejemplo…

Cuando estás sexualmente excitado, tu atención se redirige principalmente a tu zona genital. Pero si en cualquier momento dado enfocas tu atención ahí… podrás provocar exactamente la misma excitación.

Muchas tradiciones han situado determinados centros energéticos a lo largo del cuerpo, y quizás el concepto que más fácilmente asocies con esto son los chakras. En cualquier caso, determinadas circunstancias te harán notar, con un poco de práctica, cuándo tu energía está equilibrada y cuándo no. Momentos emotivos te pueden hacer sentir congestión o apertura en la zona del corazón; prepararte para afrontar un peligro quizás te haga sentir fuego en la boca del estómago.

Cuando practicamos la retención seminal, acumulamos una enorme cantidad de energía alrededor de nuestro centro sexual. Esto es evidente para cualquiera con una mínima experiencia en este sentido. Si esa energía se estanca, llegará al punto de ser incontrolable y tendremos una recaída o una polución nocturna.

A continuación te dejo con varias técnicas que te servirán para equilibrar esa energía. Cuando las practiques con cierta soltura, notarás que hacer fluir la energía por todo tu cuerpo te deja en un estado de paz, como si estuvieras completo y equilibrado.

Meditación en la órbita microcósmica

Imagina un canal de energía que empieza en tu suelo pélvico, en el punto entre los testículos y el ano. Ese canal de energía asciende por la parte anterior de tu cuerpo, por la pelvis, el ombligo, el pecho, y sube pasando por tu nariz hasta tu cerebro. Desde el punto entre tus cejas sube por la frente, rodea tu cabeza y baja por tu coronilla, nuca, y toda la espalda por la columna vertebral, hasta llegar al sacro donde vuelve a unirse al punto de partida, tu suelo pélvico.

Esta 'órbita' se llama a veces órbita microcósmica, pues el cuerpo es una versión reducida del universo. Si cierras los ojos y tratas de sentir y mover esa energía, pronto serás capaz de hacerla dar vueltas en ambas direcciones.

Hay muchas formas de realizar esta circulación, pero el método básico consiste en circular la energía a lo largo de esta órbita durante un tiempo. Puedes empezar dando 30 vueltas en cada uno de los sentidos y analizar cómo te sientes después.

Meditación en los centros energéticos del cuerpo

Esta circulación es similar a la anterior, pero en lugar de describir una órbita simplemente vamos haciendo ascender la energía desde el suelo pélvico hasta la coronilla.

Hay varias versiones acerca de cómo situar los centros energéticos, pero esta es la que yo empezaría por emplear:

1. Zona genital: el suelo pélvico.
2. Parte baja del estómago, a la altura del ombligo.

3.		Parte alta del estómago, un palmo bajo el esternón.
4.		Zona del corazón, en el centro del pecho.
5.		Garganta.
6.		Punto entre las cejas.
7.		Coronilla.

(Verás que, en mi insistencia por no ceñirme a una sola tradición, no uso su terminología si puedo evitarlo, pero ten en cuenta que mis descripciones no tiene por qué coincidir con lo que esas tradiciones describen).

En esta meditación, empiezas centrando tu atención en el primer centro energético, tratando de concentrar ahí toda tu energía. Una vez puedas sentirla intensamente, tratas de elevarla hasta el siguiente punto, de nuevo concentrándola ahí, buscando sentirla con claridad e intensidad. Progresivamente elevas la energía hasta el último punto, y ahí termina la meditación.

La duración recomendada varía según tu nivel y capacidad de concentración. Mi recomendación es siempre empezar por lo que te sea más cómodo y asequible, aunque sean cinco minutos. Es más importante hacerlo a diario que sentir todo lo que he descrito a la perfección.

Yoga

Todos estamos familiarizados con la palabra 'psicosomático'. Se usa para describir síntomas físicos cuya causa es psicológica o emocional. La mente se manifiesta en el cuerpo.

Lo opuesto sería 'somatopsíquico', que describe lo contrario: la capacidad del cuerpo para influir en la mente.

Y eso es lo que debes entender del poder del yoga. Sentarse, cerrar los ojos y tratar de dominar, redistribuir, circular y controlar la energía con la mente, puede ser relativamente difícil. Pero esa energía responde a la postura del cuerpo, al movimiento y su velocidad, a la tensión y relajación. Y es mucho más fácil para un principiante imitar posturas físicas que seguir instrucciones de meditación.

Por cierto, un querido amigo dice que el yoga que se enseña hoy en día son simplemente posturas, y que el yoga es mucho más. Y seguro que tiene razón, así que tenlo en cuenta si quieres adentrarte en esta disciplina más allá de su practicidad inmediata.

Si quieres iniciarte por tu cuenta, aparte de la opción de tomar clases en cualquier centro que conozcas, tienes cientos de rutinas en Youtube. Mi recomendación es que evites a las profesoras jóvenes (por obvios motivos), que busques una rutina para principiantes que te sea fácil seguir, y que mantengas esa rutina el 80% del tiempo. El otro 20% experimenta con series nuevas, y ve incorporando las posturas que intuitivamente te hagan sentir mejor y se ajusten a ti.

Qigong

El qigong (que también verás escrito como chi kung) es una disciplina asociada a la Medicina Tradicional China, e incluye técnicas que armonizan el uso del cuerpo, el control de la mente y la respiración.

El qigong te ayudará a movilizar tu chi (concepto que de manera muy imprecisa podría equivaler al de 'energía') con resultados sanadores.

Al igual que con el yoga, te recomiendo, si no tienes acceso a un maestro en tu localidad, que vayas investigando y probando distintas técnicas a través de vídeos.

Giros de derviche

En la tradición del sufismo, hay un grupo religioso del que nos ha quedado constancia y que aún sobrevive hoy, principalmente en Turquía: los derviches.

Entre sus prácticas, llama la atención que son capaces de girar sobre sí mismos a velocidades increíbles. Esta forma de girar tiene efectos muy potentes sobre tu energía; notarás que se crea una fuerza centrífuga desde tus genitales.

Esta es la manera: erguido, extiende los brazos hacia los lados, con la palma derecha hacia arriba y la izquierda mirando hacia abajo. Gira sobre ti mismo 7 veces. Cuando te recuperes, si te ves capaz, aumenta ese número a 14 y hasta 21 vueltas. Si eres capaz de dar 21 vueltas sobre ti mismo tres veces (con sus descansos intermedios), enfócate entonces en aumentar la velocidad del giro.

4.3 DEJAR LA EYACULACIÓN

Una vez eliminados la masturbación y el mayor disparador de la misma (pornografía), el penúltimo paso consiste en limitar o eliminar la eyaculación.

Los motivos ya los conoces de sobra, pero no es mi intención prohibirte ni recomendarte nada. Con la información de este libro, está en tu mano seguir con tus prácticas actuales; al menos ahora conoces las consecuencias. Quizás no quieras limitar la eyaculación a fines reproductivos, pero te recomiendo experimentar diversos estados y adaptar tus decisiones a tus valores y metas.

No obstante, debo compartir contigo una conclusión fruto de mis años de trabajo en esta área: por muy radical que te parezca la idea de limitar la eyaculación a un papel reproductivo, cuando un hombre domina la retención seminal llega a esta conclusión por sí mismo. Se le hace algo evidente y natural, y no es una proscripción que cumpla ciegamente.

Si un hombre no se masturba, puede eyacular de dos maneras: sexo y poluciones nocturnas. Por tanto, el fin de este capítulo consiste en darte a conocer herramientas para tener sexo sin eyaculación y para evitar que tu cuerpo descargue espontáneamente durante el sueño.

Las poluciones nocturnas

Las poluciones nocturnas o sueños húmedos son fenómenos de eyaculación espontánea mientras uno duerme o apenas está despertando.

Suelen ir acompañados de un sueño erótico previo, y de hecho son la excitación y el propio orgasmo lo que suele despertarte.

En algunos casos, cuando se dan con demasiada frecuencia (y ahora definiremos esto mejor), pueden arruinar tu racha: tanto esfuerzo por retener tu semen para perderlo cuando menos puedes hacer por evitarlo…

Pero, para un recién iniciado a la retención seminal, son un regalo. Piénsalo así: la mayoría de hombres jamás experimenta una polución nocturna, ya que eyaculan con demasiada frecuencia. Siempre están bajo los efectos secundarios de la eyaculación (que aprendiste en la parte de Ciencia), y nunca se recuperan de ellos.

Es como ir a entrenar mañana, tarde y noche y no descansar nunca.

Cuando tienes tus primeras poluciones nocturnas, significa que has alcanzado un nivel al que pocos hombres llegan.

Y como en todo, una vez alcanzas ese nivel, el siguiente paso inevitable es superarse. Recuerda que es de necios aspirar a no tener obstáculos: los problemas simplemente se transforman con nosotros.

Las eyaculaciones que se producen durante el sueño pueden ser, en ocasiones, algo distintas a las eyaculaciones a las que estás acostumbrado. Es como si la composición de los distintos fluidos cambiase; a veces, las fugas son parciales.

Principalmente por la dificultad para conseguir muestras, la composición del líquido seminal de las poluciones no está demasiado estudiada. Sí tenemos algún dato más sobre la frecuencia media con que ocurren: entre 3 y 6 semanas sin eyacular. En esa horquilla, los adolescentes y veinteañeros suelen tener poluciones con más frecuencia, mientras que al llegar a los 40 es más común lo contrario.

Esto nos autoriza a especular con que la producción hormonal sea una de las principales causas de las poluciones. En efecto, cuando se administra testosterona a jóvenes con hipogonadismo, la frecuencia de sus poluciones nocturnas aumenta. Algunas clínicas, cuando a pesar de no haber actividad sexual tampoco se producen poluciones en largos periodos de tiempo, toman esto como un indicio de baja testosterona.

En cualquier caso, puede que notes síntomas propios de la eyaculación. Otras veces te sentirás como si no hubiese pasado nada.

Una duda muy común en nuestra comunidad es si una polución nocturna debe considerarse como una recaída y si obliga, en caso de que estés contando días, a reiniciar tu contador. En principio, ningún fenómeno involuntario debería considerarse una recaída, pero si estamos activamente trabajando para reducir la frecuencia de las poluciones nocturnas, puede ser buena idea ponerse estrictos y volver al día uno.

Recuerda siempre consultar las preguntas estratégicas que compartí contigo en la sección 4.1 en relación a las recaídas.

En Medicina Tradicional China, si estos sueños húmedos ocurren con frecuencia, se sospecha de una deficiencia de *chi* renal, con síntomas como hipotiroidismo (más sobre esto en adelante) y problemas de absorción de alimentos y bebidas, función adrenal y libido.

Cada caso debe evaluarse de acuerdo a los objetivos y la situación personal; de media, el límite de lo aceptable estaría en una polución nocturna cada tres semanas para principiantes. Esto depende, por supuesto, de los síntomas que se experimenten: si el progreso continúa, quizás se puedan tolerar dos poluciones al mes; y si nuestros síntomas tras una polución se asemejan a los efectos secundarios de una eyaculación normal, querremos evitarlas a toda costa.

Mi recomendación es no obsesionarse con este fenómeno antes de tiempo, pues en principio es más importante dejar el porno, la masturbación y el sexo con eyaculación.

Pero es una decisión personal reforzar esta área para disminuir o eliminar las poluciones y lograr la retención seminal completa. Hay hombres que sienten que estos sueños húmedos son una forma agradable de liberar tensión sin recurrir a masturbarse.

De todas formas, la noción de que las poluciones ocurren por algún tipo de acumulación de fluidos no está respaldada por la investigación científica.

A continuación dejo algunos consejos a seguir para reducir y eliminar las poluciones nocturnas. No obstante, varias técnicas que has visto en el apartado 4.2 te serán útiles, especialmente las dos meditaciones para circular la energía y la respiración alterna.

Estrés y metabolismo

Los días de polución nocturna suelen coincidir con algún tipo de agotamiento nervioso producido, normalmente, por estrés, sobreentrenamiento, o ambos. Típico en hombres jóvenes que gustan de entrenar intenso, especialmente los que entrenan por la tarde-noche. Entrenar a primera hora o sustituir temporalmente el ejercicio intenso por algo más liviano suele reducir notablemente la frecuencia de las poluciones.

Este estrés puede ser también de origen psicológico o emocional, y venir de la mano con problemas de sueño. Una alimentación insuficiente (el ayuno no siempre es bueno) y el consumo habitual de estimulantes son la receta perfecta para que te sea imposible bajar de una polución al mes.

Temperatura al dormir

Aunque no es un factor principal, la temperatura afecta, y mucho, a la calidad de sueño. Ser capaz de lograr una proporción adecuada de sueño profundo es importante para evitar poluciones frecuentes. Si nos despertamos sudados, corremos un gran riesgo de tener una polución nocturna.

Excitación y fantasías durante el día

Es quizás el factor más importante. Aun cuando han controlado el hábito de masturbarse, muchos hombres siguen fantaseando a diario, creando una tensión psicológica que se resuelve con una polución nocturna. Lo que haces con tu mente es tan importante como lo que haces con tu cuerpo.

La determinación de resolver el problema de las fantasías marca la diferencia entre quien emplea la retención seminal para mejorar ligeramente su vida y quien la aprovecha para transformarla radicalmente. Las fantasías sexuales no son más que una 'ruta alternativa' que nuestra energía sexual toma en su dinámica, cuando no puede circular como está acostumbrada: eyaculando. El secreto de todo este libro, y de lo que llamamos 'transmutación de la energía sexual', es lidiar con nuestra energía sexual de forma no sexual.

Muchos hombres cambian la adicción al porno por la adicción al sexo, y desde luego que según algunos indicadores esto puede constituir una mejora, pero no estaremos enfocando así el problema esencial.

<u>Postura y ropa</u>

Según algunas encuestas, vestir pijamas y ropa interior suelta (o incluso dormir desnudos) es lo más favorable; también dormir de lado reduce ligeramente el riesgo de tener poluciones.

No obstante, estos dos factores no deberían ser prioritarios.

Frío

La costumbre de usar una bolsa de frío directamente contra el suelo pélvico no solamente nos prevendrá ante los pensamientos sexuales (parece haber una conexión cuerpo-mente y el frío extremo aniquila la libido por una o varias horas), tan problemáticos especialmente en la noche, sino que puede aliviar la congestión prostática generada por la excitación. Este hábito, además de alargar nuestras rachas, disminuirá la frecuencia de las poluciones.

Recuerda que, si optas por crear tu propia compresa de frío casera, el frío extremo puede dañar tu piel si lo aplicas directamente, así que usa una tela y prueba siempre varios métodos.

Como consejo adicional, puedes añadir una segunda compresa justo sobre el hueso púbico, si quieres asegurarte de descongestionar directamente la zona.

Kegels

Estos famosos ejercicios llevan el nombre del ginecólogo

que los popularizó, aunque se describen en tradiciones muy anteriores. Consisten en entrenar la muscular del suelo pélvico, nombre que se da a un conjunto de músculos que, en el hombre, abarcan desde el sacro hasta el hueso púbico; es por ello que, gráficamente, su distribución se representa en forma de hamaca.

Con la suficiente fuerza y destreza, una contracción del suelo pélvico puede cortar una eyaculación y, por tanto, parar una polución nocturna.

Aunque profundizaremos, porque el suelo pélvico da para mucho, el ejercicio universal para empezar a entrenar el suelo pélvico consiste en que, cuando estés orinando, trates de detener el flujo de orina apretando estos músculos. Hazlo unas tres veces cada vez que vayas al baño durante las primeras semanas de entrenamiento.

Una vez hayas localizado estos músculos y puedas contraerlos a voluntad, puedes entrenarlos directamente en casi cualquier situación. Recomiendo hacer 30 contracciones con una fuerza del 60-70% de tu capacidad, dos o tres veces al día, a diario.

Esta segunda fase puede alargarse uno o dos meses; en adelante, el entrenamiento diario ya no es recomendable, ya que un suelo pélvico hipertónico te puede producir problemas. Compartiré contigo otros protocolos para entrenar tu suelo pélvico.

Posturas específicas de yoga

De las innumerables posturas físicas o *asanas* empleadas en yoga (que es mucho más que sus posturas), algunas de ellas sirven especialmente a la retención seminal.

- Bramacharyasana
- Padangushthasana
- Viparita Karani
- Sarvangasana
- Setu Bandha Sarvangasana
- Shrishasana
- Siddasana

Pueden reforzar tu rutina previa o puedes incluirlas como parte de tu práctica nocturna, antes de dormir.

Suplementación

Si no tienes tiempo para trabajar esta área, a veces la suplementación es la opción más cómoda. El astrágalo y la

Makhanna serían mis primeras opciones, pero puedes adquirir una fórmula llamada *Jin Suo Gu Jing Tang* en varios herbolarios, sobre todo si están especializados en Medicina Tradicional China:

·Astrágalo (extracto de raíz o germen): a pesar de ciertas acciones estrogénicas, ha demostrado en animales beneficiar la función sexual y fértil del macho por su acción antiinflamatoria.

·Euryale Ferox / Makhanna: se usa, además de para prevenir las poluciones nocturnas, para tratar las fugas de semen en general, la impotencia y la eyaculación precoz.

·Nelumbo nucifera / Lian Xu: otro tonificador del riñón que reduce las emisiones de semen. En ratones también ha mejorado la calidad del semen.

***

Como nota final, según mi propia toma de datos entre cientos de hombres que han trabajado conmigo, hay varias condiciones asociadas a los sueños húmedos frecuentes:

·Hipotiroidismo: causa deficiencia de ciertas hormonas (como DHEA) y sobreacción de otras (adrenalina y cortisol);

mis 'ratones de laboratorio' con más poluciones nocturnas solían tener una temperatura más baja al despertarse.

·Eyaculación precoz: esta asociación tiene que ver con el rol de los conductos eyaculatorios, cuya musculatura está controlada por el sistema nervioso parasimpático. Cuando estos nervios están débiles, no pueden contener los fluidos. Aunque no hay estudios específicos sobre el tema, algunos autores han sugerido que la técnica del *edging* podría ser útil en estos casos (sobre pros y contras de esta técnica hablaré más adelante).

·Tónico para limpiar la próstata: basándome principalmente en los escritos de Aajonus Vonderplanitz (más otras referencias dispersas), noté que el siguiente jugo disminuía o eliminaba las poluciones nocturnas (otros compañeros pudieron constatar lo mismo):

2 a 4 ramas de apio

2 a 4 rábanos

Polen de abeja

¼ a ½ pepino

Ajo

Semillas de calabaza

Sexo sin eyaculación

Tras 5 años investigando y divulgando todo este conocimiento, contabilizo más de 8000 hombres que se han registrado en alguno de los cursos, formaciones, eventos o retos que he organizado.

Te imaginarás que, si tú a estas alturas del libro tienes dudas, todos esos hombres que no contaban con este documento todavía tendrían más…

Una de las más comunes, especialmente entre hombres ya plenamente convencidos de no desperdiciar su semen con pornografía y masturbación, tiene que ver con el sexo.

¿Ya no podemos tener sexo?

No tan rápido…

Primero, nada más lejos de mis intenciones que decirte lo que puedes o no puedes hacer.

Yo solo te quiero dar una mejor perspectiva, para que te des cuenta de lo que ganas o pierdes al eyacular.

Dicho esto, no necesariamente tener sexo requiere eyacular. Y ni siquiera tener un orgasmo requiere eyacular.

Son procesos fisiológicos cercanos pero distintos. Al parecer, John C. Lilly, polémico investigador, había descubierto allá por los años 50 que los monos tienen cuatro 'interruptores neurológicos' distintos asociados a la respuesta sexual, y que manipulándolos podía conseguir, por separado, una erección, una eyaculación (sin orgasmo), un orgasmo (sin eyaculación), o las tres cosas a la vez.

No he consultado las notas de John C. Lilly, ni me hace falta para saber que se puede tener un orgasmo sin eyaculación; no solo lo he experimentado, sino que he podido contrastar mi experiencia con la de otros afortunados.

Mi primer orgasmo sin eyaculación me lo provoqué con masturbación. De hecho, conocí antes el libro de Mantak Chia *El hombre multiorgásmico* que el movimiento NoFap y todo lo que has leído en este libro.

Empecé a sentir una oleada de placer que ascendía lentamente hasta mi cabeza, y se renovaba una y otra vez. Perdí la noción del tiempo y, cuando la recuperé, el miedo me hizo provocarme una eyaculación.

Así que sé lo que se siente cuando te sacuden tus percepciones y costumbres.

Años después, tras investigar y experimentar, lancé junto a Xavier Baruch un programa llamado *Toda la Noche: Multiorgasmia Masculina*, en el que enseñamos precisamente esto: control eyaculatorio y multiorgasmia masculina.

Por lo tanto, no es una cualidad con la que uno nazca, sino que puede aprenderse y, si se accede a las fuentes adecuadas, con relativa garantía y facilidad.

Desde las investigaciones de John C. Lilly, por supuesto, la distinción entre orgasmo y eyaculación se ha hecho de conocimiento común en la comunidad científica.

Las ventajas del sexo sin eyaculación son de varios órdenes: en primer lugar, podemos disfrutar de esta dimensión de la vida sin sufrir los efectos secundarios que ya conoces. Pero además, teniendo en cuenta que un hombre suele tardar en eyacular entre 4 y 6 minutos, estas técnicas le permiten seguir teniendo sexo todo el tiempo que quiera. Dado que las mujeres suelen tardar bastante más en llegar al orgasmo, es una ventaja para cualquier pareja.

Y como comenté en la sección 3.4, evitar la eyaculación puede prolongar increíblemente la pasión inicial dentro de una pareja, aunque solo sea porque contribuye a mejorar dos condiciones tan temidas como la eyaculación precoz y la disfunción eréctil.

En nuestro sistema de trabajo, hay cuatro elementos que contribuyen al dominio de la eyaculación: trabajo de suelo pélvico (ejercicios Kegel), control de la respiración, movilización de la energía (meditación), y yoga (como ejercicio que unifica los tres elementos).

El trabajo de suelo pélvico y el control respiratorio son más asequibles para quienes se introducen en el sexo sin eyaculación, pero la forma más sutil de control es el control mental: la movilización de la energía. Esta toma más tiempo de práctica para arrojar los primeros resultados.

Al final del libro, tendrás en orden los hitos que debes conseguir hasta alcanzar el máximo nivel.

Por ahora, te dejo una descripción de las técnicas y protocolos que te sugiero usar (aunque hay tantos métodos como personas).

Kegels

Probablemente el ejercicio más famoso de salud sexual masculina, y el peor ejecutado.

Estos ejercicios fueron desarrollados originalmente para mujeres por Arnold Kegel, aunque ya estaban descritos, por ejemplo, en el yoga tradicional.

Contribuyen a mejorar las erecciones y constituyen el primer paso hacia el control de la eyaculación por medios mecánicos. Efectivamente, los músculos del suelo pélvico se contraen de forma rítmica e involuntaria durante la eyaculación, propulsando el semen. El control sobre estos músculos permite sobreescribir esta señal muscular.

Puede que conozcas estos ejercicios por el libro de Mantak Chia que he mencionado. Lo cierto es que, con toda la contribución que ha traído ese libro, contiene errores que pueden pasar factura a los hombres que lo pongan en práctica.

Para empezar, el suelo pélvico, como tal, incluye varios músculos, y los tres más importantes son el bulbocavernoso (BC), el iliococcígeo (IC) y el famoso pubocoxígeo (PC). Cada uno tiene funciones distintas, pero también comparten algunas. Y son los únicos músculos de la zona: tenemos por ahí, por ejemplo, al músculo cremáster, que encoge el escroto.

El libro de Mantak Chia confunde los distintos músculos y sus funciones; afortunadamente, no tanto como para desestimar sus indicaciones, pero sí lo suficiente como para hacerlo limitado y confuso.

Otro problema consiste en que, como decía el anuncio, *"la potencia sin control no sirve de nada"*; no todo consiste en contraer esos músculos y hacerlos fuertes: tan importante es saber contraerlos como saber estirarlos y relajarlos.

De hecho, el trabajo excesivo de contracción crea desequilibrios musculares que pueden hacernos eyacular más rápido.

Piensa en cómo el entrenamiento con pesas a veces deforma la postura de ciertas personas… lo mismo en tu suelo pélvico.

¿Cómo entrenamos el suelo pélvico? Lo primero es localizar los músculos que queremos contraer: esto se consigue durante la micción, deteniendo el chorro de orina con los músculos del suelo pélvico.

De hecho, si quisiéramos hacer lo contrario (relajar o estirar los músculos), lo que debemos hacer es intentar miccionar con la mayor fuerza posible (intentando no involucrar excesivamente los músculos del abdomen).

Intenta detener el flujo de orina varias veces al visitar el baño y rápidamente localizarás los músculos.

Esos dos movimientos los llamamos *kegel* (contracción de los músculos del suelo pélvico) y *kegel inverso* (distensión o relajación de los músculos del suelo pélvico).

Ambos movimientos son importantes, especialmente porque muchos hombres acumulan cierta tensión en su suelo pélvico de manera inconsciente, por lo que deben aprender a relajarlo durante el día.

La forma más sencilla de conseguir un orgasmo sin eyaculación es contraer fuertemente esos músculos en los momentos previos a la eyaculación. Esta contracción muscular se sobrepondrá a las contracciones involuntarias que expulsan el semen; si se ejecuta correctamente, se experimenta un miniorgamos, no sale ni una gota, y la erección se mantiene.

Por supuesto, ese es el mejor escenario: lo que suele ocurrir es que el suelo pélvico no se cierra con la fuerza suficiente y se escapa algo de semen; la pérdida de la erección suele ser proporcional a la cantidad de semen perdida.

Un reto aún mayor que lograr la fuerza suficiente es contraer la musculatura en el momento adecuado. Si la contracción se ejecuta demasiado tarde, perderemos semen, que veremos salir tanto en el acto como la siguiente vez que orinemos. Si la contracción se ejecuta demasiado pronto, no eyacularemos nada, pero seguiremos sintiendo las ganas de eyacular.

Si encontramos el momento adecuado, la erección se mantiene, el semen no sale, pero las ganas de eyacular se esfuman.

¿Cómo encontrar ese momento preciso? Además de la práctica, usamos como referencia los *10 niveles de excitación sexual*. Este es un trabajo de autodescubrimiento, en solitario o en pareja, que nos hace generar un mapa mental de nuestra propia excitación. El nivel 10 es el 'punto de no retorno', ese punto de excitación en el que resulta imposible detener la eyaculación. En el nivel 1 no hay excitación sexual alguna.

Te dejo el ejemplo de uno de los hombres que trabaja este aspecto con nosotros para que veas cómo describe cada nivel:

Nivel 1: flacidez completa.

Nivel 2: crecimiento del pene al 25%, movimiento y cosquillas por contracción del suelo pélvico (músculo IC), contracción consciente y voluntaria aumenta la estimulación.

Nivel 3: 50% de crecimiento, contracción con movimiento y cosquilla, aparece la lubricación.

Nivel 4: crecimiento 80%, movimiento y cosquilla por contracción, y esas cosquillas ya se generan por la fricción y la masturbación en sí (antes no).

Nivel 5: crecimiento al 100%, movimiento por contracción es mínimo, pero aumenta la cosquilla por frote.

Nivel 6: contracción del cremáster, testículos ascienden.

Nivel 7: erección completa, cosquilla leve por frote.

Nivel 8: cosquillas moderadas.

Nivel 9: cosquillas intensas con contracción muscular generalizada.

Nivel 10: Punto de no retorno.

Como ves, se trata de asociar distintas sensaciones o fenómenos fisiológicos (como la lubricación) a los números del 1 al 10, tomando el 1 como ausencia de excitación y el 10 como punto de no retorno.

Ahora bien: ¿cómo entrenamos el suelo pélvico?

El entrenamiento básico debería realizarse en días alternos, para no sobrecargar la musculatura. Entre cada ejercicio de contracción, realiza un descanso activo: ejecuta un kegel inverso equivalente a la duración del descanso.

Ejercicio 1: contrae 100 veces el suelo pélvico, relativamente rápido (al menos una vez por segundo). En cada sesión, aumenta el número de contracciones si te sientes cómodo.

Descanso 1: mantén un kegel inverso durante 120 segundos.

Ejercicio 2: realiza una contracción fuerte de 5 segundos, y descansa el doble de tiempo; realiza una segunda contracción fuerte de 6 segundos, y descansa el doble de tiempo. Aumenta el tiempo de cada contracción hasta los 10 segundos.

Descanso 2: mantén un kegel inverso de 180 segundos.

Ejercicio 3: mantén el suelo pélvico contraído con una intensidad moderada tanto tiempo como puedas; notarás que, en cierto punto, te costará mantener la contracción o tendrás que reiniciarla: es el momento de dejar de contar. Anota cuánto dura la contracción e intenta batir tu récord en cada sesión.

Descanso 3: mantén un kegel inverso de 5 minutos.

Este protocolo está pensado para dar todos los estímulos posibles al suelo pélvico, pero favoreciendo su relajación para no acumular tensión excesiva.

En el primer mes de práctica notarás mejoras interesantes en tu capacidad de generar fuerza, y probablemente cambios en tu control eyaculatorio y tus erecciones.

En principio y por comodidad se recomienda entrenar sentado, pero progresivamente deberás aventurarte a hacerlo tumbado, de pie y, más adelante, incorporarlo a tus rutinas de yoga.

¿Cómo aplicarlo durante el sexo o la práctica solitaria? Aunque esto parezca mi respuesta comodín, depende de cada hombre. Sí que quiero compartir contigo ciertas generalidades: para empezar, el kegel inverso suele disminuir la excitación y retrasar la eyaculación, mientras que la contracción del suelo pélvico acelera la eyaculación.

Ambas técnicas, aplicadas cerca del punto de no retorno, pueden hacernos experimentar un orgasmo sin eyaculación: al miniorgasmo sin eyaculación producido por contracción del suelo pélvico lo llamamos 'orgasmo seco'; si mantenemos un kegel inverso mientras dejamos que llegue la sensación orgásmica, y con cierta práctica, podemos lograr que la eyaculación simplemente no ocurra.

Este orgasmo sin eyaculación (hay varios tipos de orgasmo sin eyaculación) es bastante más placentero que el orgasmo eyaculatorio, y viene sin factura. El orgasmo seco es menos placentero casi siempre, pero para los niveles inicial e intermedio será tu recurso favorito. Cuidado con esta técnica, porque logrará que seas literalmente acosado por tus parejas.

Ejercicio del ciervo

Este ejercicio combina contracciones del suelo pélvico con un masaje cuyo objetivo es desensibilizar el pene, dándote mejores erecciones y un mayor control eyaculatorio.

En la postura clásica de meditación (o la más parecida que seas capaz de conseguir) y sin camiseta, realiza 30 respiraciones profundas y lentas. Al inspirar, contrae con fuerza el suelo pélvico, y al exhalar, relájalo (si intuitivamente estás más cómodo con el patrón inverso, házlo así).

Al terminar tus contracciones, sitúa el pulgar de tu mano izquierda (derecha si eres zurdo) sobre la base del pene, y con el resto de tu mano, sujeta y rodea tus testículos sin ejercer presión.

Con la palma de tu mano natural, empieza a frotar en círculos el punto 3 o 4 dedos por debajo de tu ombligo (si experimentas, notarás que hay un nervio ahí directamente conectado con el pene). Te recomiendo que rasures esta zona en la medida en que te sientas cómodo, porque tu vello se enredará fácilmente.

Frota 84 veces en el sentido de las agujas del reloj. Después, vuelve a realizar tus 30 contracciones, y frota en el sentido inverso.

Este ejercicio es mejor practicarlo a primera hora,

aprovechando la erección matinal. Es conveniente tener cierta experiencia con el trabajo de suelo pélvico, y cuenta como un entrenamiento del mismo, así que tenlo en cuenta para no sobreentrenar.

Respiración y circulación de la energía

Estrictamente, puedes conseguir la multiorgasmia sin utilizar más recursos que el control del suelo pélvico, pero te estarías conformando con una pequeña parte de lo que eres capaz de conseguir.

Todos los recursos relacionados con la respiración y la circulación de la energía que he compartido contigo en capítulos anteriores pueden ser empleados durante el sexo.

El efecto que tengan en ti será intransferible, y por eso deberás experimentar hasta que tengas tu colección de técnicas.

Suelo recomendar que, para cada uno de los niveles de excitación del 6 al 9 (inclusive), un hombre tenga tres técnicas que domine a la perfección: una para disminuir el nivel de excitación, otra para mantenerlo, y otra para aumentarlo.

Con este arsenal, podrás hacer lo que quieras en la cama.

Dicho esto, incluyo algunos comentarios sobre distintas técnicas de respiración y circulación de la energía que han mostrado ser efectivas en nuestras formaciones:

·Respiración inversa: tomar aire por la boca y expulsarlo por la nariz.

·Respiración en caja: o cualquier tipo de respiración equilibrada. También alargar la exhalación tanto como puedas.

·Meditación en la órbita microcósmica: esto hace circular energía por el cuerpo, de forma que no se acumula en alrededor de los genitales.

·Meditación en los centros energéticos: mismo caso que el anterior.

·Columpio: consiste en alternar kegels y kegels inversos, de forma pendular. Esto hace que la energía se acumule, con lo cual aumenta el placer, e incluso permite activar ciertos tipos de orgasmo gracias a la presión ejercida.

¿Es esto 'sexo tántrico'?

La primera vez que oí hablar de sexo tántrico fue en casa de una amiga de mi primera novia.

Ellas dos hablaban como si yo no estuviera allí.

El tema del sexo tántrico surgió a colación de una anécdota en la cual, al parecer, un amigo mío había eyaculado accidentalmente en su ojo.

En fin; lo único que recuerdo acerca de su definición de sexo tántrico, es que se suponía que estaba basado en que el hombre trataba a la mujer 'como a una diosa'.

Desde entonces y hasta este mismo momento, muchos se hacen una pregunta de ese tipo, porque el sexo tántrico es como la exención fiscal: todo el mundo ha oído hablar de ello, nadie sabe exactamente qué es, pero está claro que algunos lo han practicado.

Como explica André Padoux, el concepto *tantra* fue acuñado en el siglo XIX por observadores externos a la cultura de la India. La palabra *tantra*, en su sentido literal, significa 'teoría', 'doctrina' o 'libro', por lo que era usada por hinduistas y budistas en relación a muy distintas prácticas; pero ya en los años 40 se tenía noción de que era una 'moda' y, de hecho, el concepto no está definido claramente en textos anteriores.

Según otros autores, el tantra entiende que el cuerpo es sagrado, que la experiencia de la Unidad es posible en vida, y que tras ella uno puede volver a su existencia mundana como un ser iluminado. Según el tantra, todo puede ser sagrado; esto incluye la experiencia sexual, pero no quiere decir que el tantra sea una práctica sexual.

Otra forma de entenderlo es considerar la oposición *vaidika / tantrika*, donde el *vaidika* sería aquel que sigue la enseñanza de los Vedas (los textos clásicos de la religión india).

En cualquier caso, en los últimos 100 años y especialmente desde los años 60, distintas versiones, interpretaciones y regurgitaciones del tantra han terminado por conseguir que, en nuestra mente (y no me refiero solo a los occidentales), el tantra sea una especie de yoga sexual.

Es por ello que algunos autores prefieren hablar de neotantra, pues el tantra tradicional apenas tiene que ver con los talleres que puedas encontrar hoy en día. De hecho, el tantra tenía un carácter iniciático, incluida su vertiente sexual; no cualquiera podía pagar por un retiro de fin de semana con comida vegana para hacer un taller de tantra con su pareja.

Quiero aclarar que nada de lo que leas en este libro es tantra o sexo tántrico. Yo no estoy formado en esa tradición. De hecho, no estoy formado en ninguna tradición: he investigado y practicado lo que me ha llamado la atención sin importarme la fuente.

Así que no, no enseño sexo tántrico, ni sexo taoísta... Mis enseñanzas pueden o no coincidir con tus referencias o las de otra persona.

Transmutación de la energía sexual en pareja

Podemos definir la transmutación como la transformación de la energía sexual hacia otros fines.

No te dejes engañar por lo misterioso del nombre. La transmutación se da de forma natural; analiza las adaptaciones neuroquímicas que te he presentado, la capacidad de tu cuerpo para reutilizar el esperma...

Aclaro esto porque muchos hombres que se inician en estos temas piensan que la transmutación de la energía sexual debe cultivarse sí o sí de forma activa, y aunque existen ejercicios y métodos para potenciarla, la misma retención seminal produce la transmutación de esa energía sexual.

No obstante, la mayor expresión de todo lo que has podido leer en este libro se da cuando se transmuta la energía sexual en pareja.

Como has podido comprobar en el apartado 3, el mayor impacto neurohormonal se produce durante el sexo sin eyaculación. Un hombre que practique la retención seminal en solitario, que lleve un estilo de vida adecuado (según hemos descrito aquí), está en una ventaja considerable respecto a la media poblacional, pero nada iguala al sexo sin eyaculación.

Podemos usar el vino y el acero como referencias simbólicas: el vino mejora lentamente, acumulando propiedades gracias a las reacciones químicas que suceden a cada segundo; el acero necesita un calor de 1000ºC para ser forjado. A estas temperaturas, los operarios necesitan dominar muy bien su trabajo, y hay un margen de error muy pequeño.

No te extrañará que se hable de 'alquimia sexual', pues ciertamente cuando una pareja se aventura a explorar este misterio, se encuentra muchas veces con la actitud que debe tener un científico.

Además del vigor y la potenciación de todos los planos de nuestra existencia, la transmutación de la energía sexual tiene un uso *mágico*, algo de lo que quizás has oído hablar, y que se conoce como 'manifestación', o la capacidad de alterar la realidad para atraer aquello que deseamos.

Los que me hayáis dado una oportunidad porque os ha convencido mi lado científico os estaréis arrepintiendo, pero aguantad un poco. Creo que todos estamos de acuerdo en que se puede influir en la realidad, y el problema consiste en definir claramente nuestra capacidad de intervención.

Suelo decir, casi siempre en serio, que a estas alturas de la vida me lo creo todo. O sea, que por muy disparatado que parezca lo que alguien me cuenta, escucho. Porque demasiadas veces he descartado ideas y herramientas para, años después, tragarme mis palabras y juicios. Sin ir más lejos, ¿habría sido posible este libro sin esa actitud?

No sé si la voluntad, la visualización o la consciencia pueden alterar el curso del universo; pero, en el peor de los casos, estoy seguro de que se puede imprimir la mente para atraer aquello que deseamos. Eso no nos exime de tomar acción, pero la acción tiende a ser excesiva cuando tenemos a nuestra mente en contra.

Con 'imprimar la mente' me refiero a lo mismo que ocurre con las personas que creen tener buena suerte. Richard Wiseman diseñó un experimento en el que citaba a distintas personas en una cafetería: de entre ellas, algunas decían tener buena suerte y otras mala suerte. Lo que no sabían los sujetos del experimento es que la cafetería era el experimento: todo estaba diseñado para estudiar su reacción ante ciertos eventos.

Las personas que tienen buena suerte generan su buena suerte: es lo que se llama 'suerte inteligente'. En este experimento, las personas que se creían afortunadas notaban con mayor frecuencia que había un billete en el suelo de la entrada de la cafetería; también entablaban conversación más a menudo con un actor que tenía indicaciones de interactuar con ellos.

Este es el mismo fenómeno que experimenté cuando se me ocurrió la idea de comprar una autocaravana y viajar por el mundo: creé un *vision board* con fotografías de caravanas que me gustaban, todas blancas por fuera. A los pocos días, cada vez que salía a la calle veía al menos una.

Nuestro cerebro queda sumamente impactado por una combinación de imágenes vívidas y emociones. Piensa en la manifestación como lo opuesto al trauma. El trauma es una vivencia con un impacto negativo tal que nos pasamos la vida o bien repitiendo patrones similares, o bien evitando eventos similares hasta el punto de que escapan a nuestra consciencia.

Si en el momento de emoción más exaltada podemos traer a la mente una imagen de lo que queremos en nuestra vida… nuestro cerebro trabajará constantemente en 'segundo plano' para hacerlo real. Y si evitamos la respuesta de saciedad, el 'mensaje químico' asociado a ese deseo permanecerá con nosotros, en nuestro cuerpo.

Y cuando dos personas cocrean esta nueva realidad, las probabilidades de que se manifiesta se multiplican.

Lo que puedas encontrar como *magia sexual* o con cualquier otro nombre, no se reduce necesariamente a esto, pero he querido exponer un ejemplo básico. Yo mismo sigo investigando y siendo un aprendiz. Quizás esto merezca otro libro…

5. CONCLUSIÓN

Todo un arte no cabe en un libro, y la ciencia seguirá avanzando.

Por tanto, no puedo evitar sentirme decepcionado con lo que este libro es ahora mismo; pero también ilusionado por lo que será para ti.

Puedo decir con toda seguridad que perteneces a un grupo de hombres privilegiado, que supone menos del 1% de la población masculina, y que ahora tienes un poder que espero utilices para mejorar tu vida y la de los que te rodean.

Cada época trae consigo sus desafíos; el hedonismo irracional y la desinformación caracterizan la nuestra. Quien quiera escapar del agujero negro, debe repensar la sexualidad, no para repetir el pasado, ni para darle la espalda.

La sexualidad no debe ser normalizada, porque pertenece al ámbito de lo sagrado. Haber roto este principio hará que la historia nos juzgue por hipersexualizar a varias generaciones, y por no intentar con suficiente empeño que los niños sean protegidos de esta corrupción.

Si en algún momento de tu vida perdiste el rumbo, si sufriste porque nadie te previno, nunca es demasiado tarde: esta es una ocasión para apuntar todavía más lejos. La vida nos ha puesto los obstáculos que necesitamos para exceler.

Este camino que tienes ante ti consta de una serie de pasos o hitos, según he podido aprender como testigo excepcional del progreso de tantos hombres.

Aquí te los listo:

LAS 16 MISIONES: UN CAMINO PARA EL ESPLENDOR SEXUAL DEL HOMBRE

1. Bloquea y deshazte del material erótico

Algo que introdujimos en nuestras formaciones para dejar la pornografía y la masturbación fue un servicio de bloqueo de material erótico. Formamos a un equipo de informáticos para instalar un sistema de múltiples capas, de forma que, en cuanto un alumno empezaba el curso, podía reservar una cita con el equipo.

No hay ningún sistema infranqueable, pero un sistema profesional y probado es mucho más difícil de burlar.

2. Las primeras 48 horas

Los peores síntomas relacionados con la depleción de dopamina deberían terminar tras 48 horas sin porno. Evitar eyacular de cualquier manera te ayudará en esta recuperación. Probablemente necesites una dosis extra de sueño y mantener a raya el estrés estos días.

Por supuesto, esta primera fase será más notable para quienes tengan recaídas múltiples o acumulen un gran deterioro de su energía sexual.

3. La primera semana

Una semana de retención seminal te hará experimentar el primer aumento de testosterona. En este momento suelen sentirse los primeros beneficios significativos.

4. Los 14 días

Varias adaptaciones neuroquímicas coinciden tras dos semanas de abstinencia. De media, es cuando la sensibilidad a la dopamina empieza a mejorar; también la producción de dopamina aumenta, así como la densidad de los receptores de andrógenos. Tus niveles de prolactina deberían ser más bajos.

5.   Las 3 semanas

Alrededor de las tres semanas experimentarás un segundo aumento en los niveles de testosterona.

6.   30 días

En el peor de los casos, tu sensibilidad a la dopamina debería estar restaurada. Hábitos saludables relacionados con el uso de dispositivos y pantallas pueden influir en este nivel.

7.   Compromiso de transmutación

Tras un mes de retención seminal, las cosas se ponen serias. No suelo permitir que un hombre acceda a mis formaciones avanzadas si no llega a este nivel.

Te animo, en este punto, a escribir a mano una carta describiendo qué tipo de vida deseas, o estableciendo un objetivo muy concreto (por ejemplo, facturar determinada cifra). Luego, comprométete con nombre, fecha y firma a no eyacular hasta que llegues a tu objetivo.

8.   Circulación de la energía

Aunque no es desacertado empezar antes con estos entrenamientos, lo cierto es que la circulación es más efectiva cuanta más energía hayas acumulado previamente. Entre los 30 y los 90 días podrás notar esto de forma muy clara.

Practica distintos tipos de circulación, elige el que mejor te funcione y haz de ello un hábito.

9.   90 días

Tras 90 días sin incurrir en el comportamiento adictivo, la proteína DeltaFosB desaparece de tu cuerpo. Los 90 días son una estimación, y es difícil determinar qué estímulos contribuyen a la presencia de esta proteína (por ejemplo, escenas eróticas que aparezcan en la televisión). No obstante, es una buena medida para calcular el progreso.

Enhorabuena, has superado el famoso reto.

10. Identifica tus 10 niveles de excitación

A partir de este nivel, entendemos que quieres llevar este arte a su máxima expresión: la transmutación de la energía sexual en pareja. Por lo tanto, los hombres que prefieran el celibato como estilo de vida, pueden detenerse aquí (lo que no significa que dejen de progresar).

En solitario (más conveniente) o en pareja, identifica tus diez niveles de excitación.

11. Los encuentros

Esta fase consiste en una preparación para tener sexo sin eyaculación con tu pareja. Puede que estés tentado de saltártela, ya que la mayoría de estos ejercicios no son sexuales. De hecho, una actitud sexual no es recomendable al principio.

Estos encuentros se basan en los distintos roles que dopamina y oxitocina tienen sobre los mismos circuitos cerebrales.

Los ejercicios que componen esta fase consisten en compartir un momento íntimo con tu pareja, dejando la sexualidad de lado. Incluyen:

·Sesiones de contacto visual

·Masajes

·Respiración sincronizada

·Combinación de las anteriores.

Sed muy honestos y, si la sesión se desvía hacia lo sexual, deteneos a tiempo.

## 12.	Sencillamente, para.

La primera práctica de sexo sin eyulación consiste, simplemente, en detenerte antes de eyacular. Recomiendo que sea en un nivel 7 u 8 de excitación.

El momento ideal es al despertarte por la mañana.

## 13.	Crea tu rutina previa al punto de no retorno

En este nivel sí que vamos a realizar ciertos ejercicios (depende de cuáles te hayan funcionado mejor) cuando sintamos que la eyaculación está cerca. Nos detendremos para ejecutarlos, reducir el nivel de excitación, y retomar el acto.

El objetivo es que la erección desaparezca, renovando la sangre y ayudándonos a familiarizarnos con las fluctuaciones de excitación.

14.   Orgasmo seco

Conseguiremos el primer orgasmo seco usando los músculos del suelo pélvico. Para pasar al siguiente nivel, conviene haber conseguido el orgasmo seco correctamente, es decir: sin que se escape semen.

15.   Orgasmo sin eyaculación

Este orgasmo es mucho más potente y deja una energía mucho más equilibrada. Cuando lo experimentes, no querrás volver al orgasmo eyaculatorio.

16.   Orgasmo de cuerpo completo

Reservado a unos pocos, constituye un estado alterado de consciencia. No hay una fórmula exacta para conseguirlo, solo situaciones y prácticas que ayudan.

Lo que existe más allá de este nivel, ni siquiera yo lo sé…

¿TRABAJAMOS JUNTOS?

A diario recibo consultas pidiéndome orientación sobre casos particulares, consejos o información sobre mis cursos y servicios.

Aquí te muestro cómo contactar conmigo, pero además te ofrezco una promoción exclusiva por haber leído el libro.

El motivo es que quiero fomentar el acceso a mis formaciones de aquellos hombres que ya tienen una conciencia mejorada de su sexualidad, como cualquiera que complete la lectura de este libro ha conseguido.

En primer lugar: esta es mi página web, mi casa, donde he intentado que quede claro mi propósito y donde tienes acceso fácil y rápido a mis cursos y servicios:

https://pablozamit.com

Y aquí tienes un descuento del 40% (200€ aproximadamente) para que consigas juntos mis tres cursos sobre sexualidad masculina:

·Sistema AntiFap para dejar la pornografía y la masturbación (127€)

·Sistema de Transmutación Masculina (197€)

·Toda la Noche: multiorgasmia masculina (198€)

Simplemente, introduce el cupón 'ARTEYCIENCIA' en esta página de pago:

https://pay.hotmart.com/N69771590L?off=1lwg1vor

En teoría, debería dedicar varias páginas a describir mis cursos… pero prefiero a personas proactivas que se tomen su tiempo en decidir si este es el camino que quieren seguir.

Estrictamente, podrías compartir el descuento con quien quisieras; por el bien del movimiento, te pido que solo lo hagas con quien esté preparado. Puedes ahorrarle 200€ a un amigo, pero eso no compensa si le haces perder el tiempo.

6. FUENTES

Nota previa

El siguiente apartado no pretende ser un listado exhaustivo de fuentes, al modo del sistema de citas al que se acostumbra en los trabajos académicos, como se habrá notado a lo largo del texto.

Mi compromiso de hacer público este documento antes de 2023 ha sido mi prioridad, y el sistema de citas ha sido uno de los grandes sacrificios.

En sucesivas ediciones, y dependiendo del formato que acabe tomando el libro, se corregirá este sistema.

Como se aclara al principio de esta versión, esta edición está basada en el material de trabajo que compartí con los inscritos al reto de septiembre de 2022, y se facilita la lista de fuentes en el orden que entonces resultó más práctico.

Esto decepcionará a los más escépticos, aunque no tanto como a mí mismo. No obstante, quien tenga la curiosidad de cotejar las fuentes que cito, comprobará que he sido fiel a ellas.

Las fuentes se agrupan alrededor de un criterio muy cuestionable, pero apropiado para el tipo de usuario en que pienso. No siguen ningún tipo de orden. Se citan en el idioma en que las consulté, se enlazan cuando es posible, y muchas podrían pertenecer a varias categorías.

Para aportaciones relativas a la bibliografía o para solicitar la edición más actualizada (en caso de que no adquieras tu versión en Amazon), escribe a zamitpablo@gmail.com

Hormonas y neurotransmisores

Absence of orgasm-induced prolactin secretion in a healthy multi-orgasmic male subject https://www.nature.com/articles/3900823

Steroid profile analysis by LC-HRMS in human seminal fluid https://pubmed.ncbi.nlm.nih.gov/31841978/

Comparison of plasma and cerebrospinal fluid levels of

neuroactive steroids with their brain, spinal cord and peripheral nerve levels in male and female rats https://pubmed.ncbi.nlm.nih.gov/23706961/

Review Article Pheromones in sex and reproduction: Do they have a role in humans? https://www.sciencedirect.com/science/article/pii/S2090123211000397

Regulation of Prolactin Secretion: Dopamine is the Prolactin-release Inhibiting Factor (PIF), but also Plays a Role as a Releasing Factor (PRF) https://koreascience.kr/article/JAKO199911921380764.page

THE DETERMINATION AND DISTRIBUTION OF POLYAMINES IN MAMMALIAN NERVOUS SYSTEM | Journal of Pharmacology and Experimental Therapeutics https://jpet.aspetjournals.org/content/143/2/199

Prolactin and testosterone regulation of mitochondrial zinc in prostate epithelial cells https://pubmed.ncbi.nlm.nih.gov/9018332/

Hormonal effects on zin c concentration and morphology of rat lateral prostate gland https://pubmed.ncbi.nlm.nih.gov/6435105/

Recurrent Priapism From Cabergoline and Bromocriptine in a Hypogonadal Man With Prolactinoma - PMC

https://www.ncbi.nlm.nih.gov/pmc/articles/PMC8261848/

Relationship between Sexual Satiety and Brain Androgen Receptors

https://www.researchgate.net/profile/Alonso-Fernandez-Guasti/

publication/6536830_Relationship_between_Sexual_Satiety_and_Brain_Androgen_Receptors/

links/54b6c2970cf2e68eb27f0321/Relationship-between-Sexual-Satiety-and-Brain-Androgen-Receptors.pdf

Catecholamines stimulate testicular testosterone release of the immature golden hamster via interaction with alpha- and beta-adrenergic receptors

http://www.ncbi.nlm.nih.gov/pubmed/1337237

The neurochemistry of sexual satiety. An experimental model of inhibited desire

http://esteve.org/wp-content/uploads/2018/01/138316.pdf

Neuroactive steroid levels in plasma and cerebrospinal fluid of male multiple sclerosis patients https://onlinelibrary.wiley.com/doi/pdf/10.1111/jnc.12745

Ventral Tegmental Area Dopamine Cell Activation during Male Rat Sexual Behavior Regulates Neuroplasticity and d-Amphetamine Cross-Sensitization following Sex Abstinence

https://pubmed.ncbi.nlm.nih.gov/27656032/

Endogenous opioid-induced neuroplasticity of dopaminergic neurons in the ventral tegmental area influences natural and opiate reward

https://pubmed.ncbi.nlm.nih.gov/24966382/

Pharmacological and physiological aspects of sexual exhaustion in male rats

https://pubmed.ncbi.nlm.nih.gov/12914589/

Orgasmic frequency and plasma testosterone levels in normal human males

https://pubmed.ncbi.nlm.nih.gov/1275688/

Hormones in Seminal Plasma

https://www.tandfonline.com/doi/pdf/10.3109/01485018208990230#:~:text=Testosterone%20concentration%20in%20semen%20from,was%20found%20in%20seminal%20fluid

Dopaminergic stimulation enhances confidence and accuracy in seeing rapidly presented words

https://pubmed.ncbi.nlm.nih.gov/21346001/

Neuronal signaling repertoire in the mammalian sperm functionality | Biology of Reproduction | Oxford Academic

https://academic.oup.com/biolreprod/article/96/3/505/3038274

The endocrinology of sexual arousal

https://pubmed.ncbi.nlm.nih.gov/16135662/

Endocannabinoids Interact With the Dopaminergic System to Increase Sexual Motivation: Lessons From the Sexual Satiety Phenomenon - PMC

https://www.ncbi.nlm.nih.gov/pmc/articles/PMC6702338/

Dopamine receptors play distinct roles in sexual behavior expression of rats with a different sexual motivational tone

https://pubmed.ncbi.nlm.nih.gov/25171081/

A new role for GABAergic transmission in the control of male rat sexual behavior expression - ScienceDirect

https://www.sciencedirect.com/science/article/abs/pii/S016643281630849X

The neuroendocrinology of sexual attraction - ScienceDirect

https://www.sciencedirect.com/science/article/pii/

S0091302217301048

Concentrations of Intracellular Sex Steroids in Human

Spermatozoa

https://www.tandfonline.com/doi/

abs/10.3109/01485019308987752?journalCode=iaan19

Increased estrogen receptor alpha immunoreactivity in the

forebrain of sexually satiated rats - ScienceDirect

https://www.sciencedirect.com/science/article/abs/pii/

S0018506X06003345?via%3Dihub

Glycerylphosphorylcholine and phosphorylcholine in semen,

and their relation to choline

https://portlandpress.com/biochemj/article-

abstract/65/4/627/50626/Glycerylphosphorylcholine-and-

phosphorylcholine-in?redirectedFrom=fulltext

Glycerophosphoryl Choline as a Precursor of Free Choline in

Mammalian Semen | Nature

https://www.nature.com/articles/172587a0

Relationship between sexual satiety and motivation, brain

androgen receptors and testosterone in male mandarin voles - ScienceDirect

https://www.sciencedirect.com/science/article/abs/pii/S0166432813002933

The neurobiology of the male sexual refractory period - ScienceDirect

https://www.sciencedirect.com/science/article/abs/pii/S0149763417304888

Prostate response to prolactin in sexually active male rats - PMC

https://www.ncbi.nlm.nih.gov/pmc/articles/PMC1524775/

GC-MS studies of 16-androstenes and other C19 steroids in human semen

https://pubmed.ncbi.nlm.nih.gov/1419890/

The endocrinology of sexual arousal

https://pubmed.ncbi.nlm.nih.gov/16135662/

The Sympathetic Nerve—An Integrative Interface between Two Supersystems: The Brain and the Immune System

https://pharmrev.aspetjournals.org/cgi/reprint/52/4/595

Determination of urinary androstanediol and testosterone in

normal men by gas—liquid chromatography - ScienceDirect
https://www.sciencedirect.com/science/article/abs/pii/
S0021967301829277

A research on the relationship between ejaculation and serum testosterone level in men
https://jzus.zju.edu.cn/article.php?doi=10.1631/
jzus.2003.0236

[Periodic changes in serum testosterone levels after ejaculation in men]
https://pubmed.ncbi.nlm.nih.gov/12506329/

Endocrine response to masturbation-induced orgasm in healthy men following a 3-week sexual abstinence
https://pubmed.ncbi.nlm.nih.gov/11760788/

Effects of estrogen or testosterone on self-reported sexual responses and behaviors in hypogonadal adolescents
https://pubmed.ncbi.nlm.nih.gov/9661595/

[Oxytocin: a natural means of treating psychological stress]
https://pubmed.ncbi.nlm.nih.gov/12647377/

The Power of Touch | 24 | Oxytocin, the "Love Hormone," Is

Released by

https://www.taylorfrancis.com/chapters/

edit/10.4324/9780429352379-24/power-touch-tiffany-field

Orgasm-induced prolactin secretion: feedback control of sexual drive?

https://pubmed.ncbi.nlm.nih.gov/11835982/

Prolactinergic and dopaminergic mechanisms underlying sexual arousal and orgasm in humans

https://pubmed.ncbi.nlm.nih.gov/15889301/

Methylation of HPA axis related genes in men with hypersexual disorder - ScienceDirect

https://www.sciencedirect.com/science/article/abs/pii/

S0306453016310253

Hormones and the Coolidge Effect

https://www.sciencedirect.com/science/article/abs/pii/

S0303720717304938?

casa_token=PUzVJmwp7x4AAAAA:AFU5dsyv7HpE4bUPRrP3

WLvLJP9tv-

hLKiREz7JLXTkYcFdwuio7_UNvvnuVRLtSUvuuik4oHg#bib3

8

Semen y esperma

Choline: an important nutrient in brain development, liver function and carcinogenesis.
https://www.tandfonline.com/doi/abs/10.1080/07315724.1992.10718251

Nutritional Importance of Choline for Brain Development
https://www.tandfonline.com/doi/abs/10.1080/07315724.2004.10719433

Flujo vaginal y semen: La microbiota de las relaciones sexuales
https://www.thieme-connect.com/products/ejournals/abstract/10.1055/s-0040-1721325

EFFECT OF FREQUENCY OF EMISSION ON SEMEN OUTPUT AND AN ESTIMATE OF DAILY SPERM PRODUCTION IN MAN
https://rep.bioscientifica.com/view/journals/rep/6/2/jrf_6_2_011.xml

Review Considerations in Evaluating Human Spermatogenesis on the Basis of Total Sperm per Ejaculate.

https://onlinelibrary.wiley.com/doi/pdf/10.2164/jandrol.108.006817#:~:text=Daily%20sperm%20production%20is%20not,Amann%2C%201970%2C%201981

Sperm Microbiota and Its Impact on Semen Parameters
https://pubmed.ncbi.nlm.nih.gov/30809218/

Function of seminal vesicles and their role on male fertility
http://www.asiaandro.com/archive/1008-682X/3/251.htm

Understanding the seminal plasma proteome and its role in male fertility | Basic and Clinical Andrology
https://bacandrology.biomedcentral.com/articles/10.1186/s12610-018-0071-5

Microbiota of the seminal fluid from healthy and infertile men - Fertility and Sterility
https://www.fertstert.org/article/S0015-0282(13)02777-5/fulltext

The Female Response to Seminal Fluid | Physiological Reviews
https://journals.physiology.org/doi/full/10.1152/physrev.00013.2018

Level of gold in normal and pathological semen
https://pubmed.ncbi.nlm.nih.gov/21234868/

Seminal Plasma - an overview | ScienceDirect Topics

https://www.sciencedirect.com/topics/medicine-and-dentistry/seminal-plasma

Occurrence and reproductive roles of hormones in seminal plasma | Basic and Clinical Andrology | Full Text

https://bacandrology.biomedcentral.com/articles/10.1186/s12610-017-0062-y

Zinc is an Essential Element for Male Fertility: A Review of Zn Roles in Men's Health, Germination, Sperm Quality, and Fertilization

https://www.ncbi.nlm.nih.gov/pmc/articles/PMC6010824/

Oral zinc supplementation restore high molecular weight seminal zinc binding protein to normal value in Iraqi infertile men | BMC Urology

https://bmcurol.biomedcentral.com/articles/10.1186/1471-2490-12-32#ref-CR23

Zinc levels in seminal plasma are associated with sperm quality in fertile and infertile men - ScienceDirect

https://www.sciencedirect.com/science/article/pii/S0271531708002601?via%3Dihub

Germ Cells Are Forever.

https://www.cell.com/fulltext/S0092-8674(08)00202-

X#:~:text=Germ%20cells%20are%20the%20founder,journey

%20to%20the%20emerging%20gonad

Zinc levels in seminal plasma and their correlation with male

infertility: A systematic review and meta-analysis - PMC

https://www.ncbi.nlm.nih.gov/pmc/articles/PMC4773819/

Zinc in the Brain

https://www.ellenwhite.info/zinc_brain.htm

Semen Physiology.

https://www.news-medical.net/health/Semen-

Physiology.aspx#:~:text=Composition,prostaglandin%2C

%20potassium%2C%20and%20zinc

Human Reproductive Biology - Chapter 9 - Gamete Transport

and Fertilization.

https://www.sciencedirect.com/science/article/pii/

B9780123821843000009X

Seminal Vesicle - an overview | ScienceDirect Topics

https://www.sciencedirect.com/topics/medicine-and-

dentistry/seminal-vesicle

Inhibin B in seminal plasma: testicular origin and relationship to spermatogenesis.

https://academic.oup.com/humrep/article/13/4/920/780261?login=false

Zinc: A Necessary Ion for Mammalian Sperm Fertilization Competency - PMC

https://www.ncbi.nlm.nih.gov/pmc/articles/PMC6321397/

Membrane Expression and Interactions of Human Transcobalamin II Receptor (*) - Journal of Biological Chemistry

https://www.jbc.org/article/S0021-9258(18)94670-3/fulltext

ES2235034T3 - Metodo de dosificado de la transcobalamina ii. - Google Patents

https://patents.google.com/patent/ES2235034T3/es

ES2284616T3 - Ensayo para medir holo-transcobalamina y folato. - Google Patents

https://patents.google.com/patent/ES2284616T3/es

Zinc, magnesium and calcium in human seminal fluid: relations to other semen parameters and fertility

https://academic.oup.com/molehr/article/5/4/331/1141041

Induction of autophagy by spermidine promotes longevity | Nature Cell Biology

https://www.nature.com/articles/ncb1975

Molecular Basis of Human Sperm Capacitation

https://www.frontiersin.org/articles/10.3389/fcell.2018.00072/full

Copious pre-ejaculation: small glands--major headaches

https://pubmed.ncbi.nlm.nih.gov/17251594/

Spermiophagy In Vitro

https://www.tandfonline.com/doi/abs/10.3109/01485018408987524?journalCode=iaan19

Sperm Retention and Resorption in Sexually Active Rabbits with Epididymal Ligatures

https://journals.sagepub.com/doi/abs/10.3181/00379727-131-34065?journalCode=ebma

The Female Response to Seminal Fluid | Physiological Reviews

https://journals.physiology.org/doi/full/10.1152/physrev.00013.2018

Seminal plasma

https://www.biomedcentral.com/collections/bcasp

Anti-inflammatory effects of spermidine in lipopolysaccharide-stimulated BV2 microglial cells | Journal of Biomedical Science | Full Text
https://jbiomedsci.biomedcentral.com/
articles/10.1186/1423-0127-19-31

Spermidine Prolongs Lifespan and Prevents Liver Fibrosis and Hepatocellular Carcinoma by Activating MAP1S-Mediated Autophagy | Cancer Research
https://aacrjournals.org/cancerres/article/77/11/2938/618196/
Spermidine-Prolongs-Lifespan-and-Prevents-Liver

Adicciones, efectos de la pornografía

Why do people watch pornography? The motivational basis of pornography use
https://pubmed.ncbi.nlm.nih.gov/32730047/

Amusing ourselves to death? Superstimuli and the evolutionary social sciences
https://biblio.ugent.be/publication/740537/file/6821529.pdf

Sexual incentive delay in the scanner: Sexual cue and reward processing, and links to problematic porn consumption and sexual motivation

https://pubmed.ncbi.nlm.nih.gov/33822748/

Psychometric Instruments for Problematic Pornography Use: A Systematic Review

https://journals.sagepub.com/doi/10.1177/0163278719861688?url_ver=Z39.88-2003&rfr_id=ori:rid:crossref.org&rfr_dat=cr_pub%20%200pubmed

Liking, Wanting and the Incentive-Sensitization Theory of Addiction - PMC

https://www.ncbi.nlm.nih.gov/pmc/articles/PMC5171207/

Hunger and Satiety Gauge Reward Sensitivity

https://www.frontiersin.org/articles/10.3389/fendo.2017.00104/full

Profiling of pornography addiction among children using EEG signals: A systematic literature review

https://www.sciencedirect.com/science/article/pii/S0010482520303024?casa_token=Yt7kEVE6ssMAAAAA:jG89bkAF9KBar_YcqGi8aGG-1t3Wh_KU-jFhuChp0dyd-tE0QFwd4tvfE-L5-

J6XNjxN3dgDmg#sec4

Grubbs, J. B., Kraus, S. W., and Perry, S. L. (2019a). Self-reported addiction to pornography in a nationally representative sample: the roles of use habits, religiousness, and moral incongruence. J. Behav. Addict. 8, 88–93. doi: 10.1556/2006.7.2018.134
https://pubmed.ncbi.nlm.nih.gov/30632378

Grubbs, J. B., Perry, S. L., Wilt, J. A., and Reid, R. C. (2019b). Pornography problems due to moral incongruence: an integrative model with a systematic review and meta-analysis. Arch. Sex. Behav. 48, 397–415. doi: 10.1007/s10508-018-1248-x

Subjective Reward Value of Visual Sexual Stimuli Is Coded in Human Striatum and Orbitofrontal Cortex – Truth About Porn
https://truthaboutporn.org/study/subjective-reward-value-of-visual-sexual-stimuli-is-coded-in-human-striatum-and-orbitofrontal-cortex/

No evidence for decreased D2/3 receptor availability and frontal hypoperfusion in subjects with compulsive pornography use - ScienceDirect
https://www.sciencedirect.com/science/article/pii/

S0925492721000366

Brain structure and functional connectivity associated with pornography consumption: the brain on porn
https://pubmed.ncbi.nlm.nih.gov/24871202/

Effects of electroacupuncture combined psycho-intervention on cognitive function and event-related potentials P300 and mismatch negativity in patients with internet addiction
https://pubmed.ncbi.nlm.nih.gov/22311411/

Short-term abstinence effects across potential behavioral addictions: A systematic review - ScienceDirect
https://www.sciencedirect.com/science/article/abs/pii/S0272735820300167?via%3Dihub

Prefrontal Control and Internet Addiction: A Theoretical Model and Review of Neuropsychological and Neuroimaging Findings
https://www.frontiersin.org/articles/10.3389/fnhum.2014.00375/full

Internet sex addiction treated with naltrexone
https://pubmed.ncbi.nlm.nih.gov/18241634/
Macrostructural alterations of subcortical grey matter in

psychogenic erectile dysfunction

https://pubmed.ncbi.nlm.nih.gov/22723943/

Child and Adolescent Pornography Exposure - Journal of Pediatric Health Care

https://www.jpedhc.org/article/S0891-5245(19)30384-0/fulltext

Can Pornography be Addictive? An fMRI Study of Men Seeking Treatment for Problematic Pornography Use | Neuropsychopharmacology

https://www.nature.com/articles/npp201778

A systematic review and meta-analysis of three clinical trials with Acceptance and Commitment Therapy for problematic pornography use

https://www.termedia.pl/A-systematic-review-and-meta-analysis-of-three-clinical-trials-with-Acceptance-and-Commitment-Therapy-for-problematic-pornography-use,117,42733,1,1.html

The assessment and treatment of adult heterosexual men with self-perceived problematic pornography use: A review

https://www.sciencedirect.com/science/article/abs/pii/S0306460317303817?

casa_token=cas48jgJgpUAAAAA:H8itAe5WGbOcMeFnXI0P3
WGpm9z9JrxrRnAHLH5TuqksaZJYTkwxWTNpyAxPvS9Uyk
7bPbkW3Q

DeltaFosB in the nucleus accumbens is critical for reinforcing
effects of sexual reward
https://www.ncbi.nlm.nih.gov/pmc/articles/PMC2970635/?
tool=pubmed

Transcriptional mechanisms of addiction: role of ΔFosB |
Philosophical Transactions of the Royal Society B: Biological
Sciences
https://royalsocietypublishing.org/doi/abs/10.1098/
rstb.2008.0067

Natural and Drug Rewards Act on Common Neural Plasticity
Mechanisms with ΔFosB as a Key Mediator - PMC
https://www.ncbi.nlm.nih.gov/pmc/articles/PMC3865508/

Reports of pathological gambling, hypersexuality, and
compulsive shopping associated with dopamine receptor
agonist drugs
https://pubmed.ncbi.nlm.nih.gov/25329919/

Liking, Wanting and the Incentive-Sensitization Theory of

Addiction - PMC

https://www.ncbi.nlm.nih.gov/pmc/articles/PMC5171207/

Neural systems of reinforcement for drug addiction: from actions to habits to compulsion

https://pubmed.ncbi.nlm.nih.gov/16251991/

Pornography addiction – a supranormal stimulus considered in the context of neuroplasticity - PMC

https://www.ncbi.nlm.nih.gov/pmc/articles/PMC3960020/

Neuroscience of Internet Pornography Addiction: A Review and Update - PMC

https://www.ncbi.nlm.nih.gov/pmc/articles/PMC4600144/

Cybersex addiction: Experienced sexual arousal when watching pornography and not real-life sexual contacts makes the difference

https://pubmed.ncbi.nlm.nih.gov/26165929/

Neurocircuitry of Addiction | Neuropsychopharmacology

https://www.nature.com/articles/npp2009110

Brain Structure and Functional Connectivity Associated With Pornography Consumption: The Brain on Porn | Lifestyle Behaviors | JAMA Psychiatry | JAMA Network

https://jamanetwork.com/journals/jamapsychiatry/
fullarticle/1874574

Novelty, conditioning and attentional bias to sexual rewards
https://pubmed.ncbi.nlm.nih.gov/26606725/

Cue-induced cocaine craving: neuroanatomical specificity for
drug users and drug stimuli
https://pubmed.ncbi.nlm.nih.gov/11058476/

Nonconsensual pornography among U.S. adults: A sexual
scripts framework on victimization, perpetration, and health
correlates for women and men.
https://psycnet.apa.org/record/2019-05961-001

Monkeys Pay Per View: Adaptive Valuation of Social Images by
Rhesus Macaques - ScienceDirect
https://www.sciencedirect.com/science/article/pii/
S096098220500093X

Relación de la pornografía mainstream con la salud sexual y
reproductiva de los/las adolescentes. Una revisión de alcance
https://scielo.isciii.es/scielo.php?
script=sci_arttext&pid=S1135-57272021000100182&lng=es
&nrm=iso

Cybersex Addiction: A Study on Spanish College Students

https://pubmed.ncbi.nlm.nih.gov/27398694/

Cybersex addiction: Experienced sexual arousal when watching pornography and not real-life sexual contacts makes the difference

https://pubmed.ncbi.nlm.nih.gov/26165929/

Genital image, sexual anxiety, and erectile dysfunction among young male military personnel

https://pubmed.ncbi.nlm.nih.gov/25929693/

Is Pornography Use Associated with Sexual Difficulties and Dysfunctions among Younger Heterosexual Men? - Landripet - 2015

https://onlinelibrary.wiley.com/doi/abs/10.1111/jsm.12853

Is Internet Pornography Causing Sexual Dysfunctions? A Review with Clinical Reports - PMC

https://www.ncbi.nlm.nih.gov/pmc/articles/PMC5039517/

Hunger and Satiety Gauge Reward Sensitivity

https://www.frontiersin.org/articles/10.3389/fendo.2017.00104/full

Prevalence, Patterns and Self-Perceived Effects of Pornography Consumption in Polish University Students: A Cross-Sectional Study

https://pubmed.ncbi.nlm.nih.gov/31137778/

Survey of Sexual Function and Pornography

https://pubmed.ncbi.nlm.nih.gov/31132108/

High-Frequency Pornography Use May Not Always Be Problematic

https://pubmed.ncbi.nlm.nih.gov/32033863/

Do pornography use and masturbation play a role in erectile dysfunction and relationship satisfaction in men?

https://pubmed.ncbi.nlm.nih.gov/35840678/

Sub-second changes in accumbal dopamine during sexual behavior in male rats

https://pubmed.ncbi.nlm.nih.gov/11496146/

Experimental Evidence for Sex Differences in Sexual Variety Preferences: Support for the Coolidge Effect in Humans

https://pubmed.ncbi.nlm.nih.gov/32440927/

Do sex differences in the brain explain sex differences in the

hormonal induction of reproductive behavior? What 25 years of research on the Japanese quail tells us
https://pubmed.ncbi.nlm.nih.gov/9047287/

Dynamic Changes in Nucleus Accumbens Dopamine Efflux During the Coolidge Effect in Male Rats | Journal of Neuroscience
https://www.jneurosci.org/content/17/12/4849

Online Porn Addiction: What We Know and What We Don't— A Systematic Review
https://www.mdpi.com/2077-0383/8/1/91

Subjective reward value of visual sexual stimuli is coded in human striatum and orbitofrontal cortex - ScienceDirect
https://www.sciencedirect.com/science/article/abs/pii/S0166432820304915?via%3Dihub

Neuroscience of Internet Pornography Addiction: A Review and Update
https://www.mdpi.com/2076-328X/5/3/388

Novelty, conditioning and attentional bias to sexual rewards
https://pubmed.ncbi.nlm.nih.gov/26606725/

Pornography Use Could Lead to Addiction and Was Associated

With Reproductive Hormone Levels and Semen Quality: A Report From the MARHCS Study in China

https://pubmed.ncbi.nlm.nih.gov/34566897/

Pornography as Trafficking

https://repository.law.umich.edu/cgi/viewcontent.cgi?article=1241&context=mjil

The Relative Health Benefits of Different Sexual Activities - Brody - 2010

https://onlinelibrary.wiley.com/doi/full/10.1111/j.1743-6109.2009.01677.x#b84

Pornography consumption and satisfaction: A meta-analysis.

https://psycnet.apa.org/record/2017-09952-001

(PDF) A Meta-Analysis of Pornography Consumption and Actual Acts of Sexual Aggression in General Population Studies

https://www.researchgate.net/publication/288905229_A_Meta-Analysis_of_Pornography_Consumption_and_Actual_Acts_of_Sexual_Aggression_in_General_Population_Studies#read

Pornography and Sexual Aggression: Can Meta-Analysis Find a Link?

https://pubmed.ncbi.nlm.nih.gov/32691692/

A meta-analysis of the published research on the effects of pornography — Experts@Minnesota
https://experts.umn.edu/en/publications/a-meta-analysis-of-the-published-research-on-the-effects-of-porno

A Meta-Analysis of Pornography Consumption and Actual Acts of Sexual Aggression in General Population Studies - Wright - 2016 - Journal of Communication - Wiley Online Library
https://onlinelibrary.wiley.com/doi/abs/10.1111/jcom.12201

Sexualidad en animales

Spontaneous Erection and Masturbation in Equids
https://www.vet.upenn.edu/docs/default-source/research/equine-behavior-laboratory/89spontu.pdf?sfvrsn=275fe0ba_0

Biological exuberance : animal homosexuality and natural diversity
https://archive.org/details/biologicalexuber00bage/page/427/mode/2up

Estandarización del manejo y la criopreservación de semen de hembras masculinizadas de trucha arco iris

http://www.scielo.org.co/scielo.php?
script=sci_arttext&pid=S0120-06902008000300004

Dr. George Murray Levick (1876–1956): unpublished notes on the sexual habits of the Adélie penguin | Polar Record | Cambridge Core

https://www.cambridge.org/core/journals/polar-record/article/abs/dr-george-murray-levick-18761956-unpublished-notes-on-the-sexual-habits-of-the-adelie-penguin/8647660D29AD9660C9C16623638C9116#sec2

Body size development of captive and free-ranging African spurred tortoises (Geochelone sulcata): high plasticity in reptilian growth rates

https://www.ingentaconnect.com/content/bhs/thj/2010/00000020/00000003/art00013

Pre-copulatory ejaculation solves time constraints during copulations in marine iguanas | Proceedings of the Royal Society of London. Series B: Biological Sciences

https://royalsocietypublishing.org/doi/abs/10.1098/rspb.1996.0066

NOTES ON BEHAVIOR OF CAPTIVE VAMPIRE BATS

https://www.degruyter.com/document/doi/10.1515/
mamm.1965.29.4.441/html

The Adaptive Function of Masturbation in a Promiscuous
African Ground Squirrel | PLOS ONE
https://journals.plos.org/plosone/article?id=10.1371/
journal.pone.0013060

Copulation in the Porcupine
https://www.jstor.org/stable/3796077?
seq=1#page_scan_tab_contents

Spontaneous Ejaculation in a Wild Indo-Pacific Bottlenose
Dolphin (Tursiops aduncus) | PLOS ONE
https://journals.plos.org/plosone/article?id=10.1371/
journal.pone.0072879

Masturbation in the Animal Kingdom
https://pubmed.ncbi.nlm.nih.gov/35316107/

Aparato reproductor masculino
y sexualidad general

Effects of sexual arousal on lymphocyte subset circulation and
cytokine production in man

https://pubmed.ncbi.nlm.nih.gov/15316239/

Copulation and ejaculation in male rats under sexual satiety and the Coolidge effect

https://pubmed.ncbi.nlm.nih.gov/22564534/

Erectile dysfunction in primary care: prevalence and patient characteristics. The ENIGMA study

https://pubmed.ncbi.nlm.nih.gov/14961062/

Oxytocin Immunoreactivity in the Human Urethral (Littrè's) Glands

https://www.jstage.jst.go.jp/article/jrd/56/1/56_09-063E/_article

One patient out of four with newly diagnosed erectile dysfunction is a young man--worrisome picture from the everyday clinical practice

https://pubmed.ncbi.nlm.nih.gov/23651423/

View of A pelvic trinity: prostate, hormones and nerves

https://esmed.org/MRA/mra/article/view/2669/193546009

Knobil and Neill's Physiology of Reproduction (Fourth Edition). Chapter 18 - Accessory Sex Glands in the Male

https://www.sciencedirect.com/science/article/pii/

B9780123971753000181

Development, Molecular Biology, and Physiology of the Prostate https://www.clinicalkey.com/#!/content/book/3-s2.0-B9780323546423001440

Biochemistry of Seminal Plasma and Male Accessory Fluids; Application to Andrological Problems
https://link.springer.com/
chapter/10.1007/978-1-4471-1300-3_9

Significance of inhibin in reproductive pathophysiology and current clinical applications
http://www.clevelandclinic.org/reproductiveresearchcenter/
docs/agradoc171.pdf

SECRETORY FUNCTION OF THE PROSTATE, SEMINAL VESICLE AND OTHER MALE ACCESSORY ORGANS OF REPRODUCTION (T. MANN)
https://pubmed.ncbi.nlm.nih.gov/4593605/

Glyceryl phosphoryl choline levels in cases of epididymitis. Pardiwalla BB, Kulkarni PP, Pardanani DS J Postgrad Med
https://www.jpgmonline.com/article.asp?
issn=0022-3859;year=1980;volume=26;issue=4;spage=250;e
page=2;aulast=Pardiwalla#ref5

The determination of choline in human semen by the enzymic method - ScienceDirect

https://www.sciencedirect.com/science/article/abs/pii/0379073881901924?via%3Dihub

Esomeprazole reduces sperm motility index by targeting the spermic cholinergic machinery: A mechanistic study for the association between use of proton pump inhibitors and reduced sperm motility index - ScienceDirect

https://www.sciencedirect.com/science/article/pii/S0006295220304482

The Role of Zinc in Male Fertility - Deborah Allouche-Fitoussi and Haim Breitbart

https://pubmed.ncbi.nlm.nih.gov/33096823/

The intravaginal absorption of male generated hormones and their possible effect on female behaviour

https://pubmed.ncbi.nlm.nih.gov/3637620/

Semen has controlling power over female genes and behaviour | New Scientist

An ode to the many evolved virtues of human semen - Scientific American Blog Network *https://www.newscientist.com/article/mg22730313-500-semen-has-controlling-power-over-female-genes-and-behaviour/*

Physiological and pharmacological studies of the prostate gland - iii. effect of prostatectomy on the behavior of albino rats
https://www.hopkinsmedicine.org/brady-urology-institute/centennial/pdf/1921.pdf

Prostaglandins in Human Seminal Fluid and Its Relation to Fertility | SpringerLink
https://link.springer.com/chapter/10.1007/978-1-4684-4946-4_41

ESTUDIO DE LA ACTIVIDAD AMINOPEPTIDÁSICA EN ESPERMATOZOIDES ASTENOZOOSPÉRMICOS. COMPARACIÓN CLÍNICA. MEMORIA PRESENTADA POR: Mª OLGA RAMÓN MARTÍNEZ
http://hdl.handle.net/10810/12310

The prostate as an endocrine organ: Androgens and estrogens - Ekman - 2000
https://onlinelibrary.wiley.com/doi/10.1002/1097-0045%282000%2945%3A10%2B%3C14%3A%3AAID-PROS4%3E3.0.CO%3B2-7

The Relative Health Benefits of Different Sexual Activities -
ScienceDirect

https://doi.org/10.1111/j.1743-6109.2009.01677.x

CLINICAL   IMMUNOLOGY   OF   VASECTOMY   AND
VASOVASOSTOMY

https://www.goldjournal.net/

article/0090-4295(83)90487-9/pdf

VASECTOMY: LONG-TERM EFFECTS IN THE RHESUS MONKEY
in

https://rep.bioscientifica.com/view/journals/rep/31/3/

jrf_31_3_010.xml

A COHORT STUDY OF MORTALITY FROM CANCER OF THE
PROSTATE IN CATHOLIC PRIESTS

https://www.ncbi.nlm.nih.gov/pmc/articles/PMC2010531/

pdf/brjcancer00449-0110.pdf

Sexual Activity and Risk of Prostate Cancer: A Dose–Response
Meta-Analysis

https://www.jsm.jsexmed.org/article/

S1743-6095(18)31064-6/fulltext

More Is More: Disentangling the Importance of Ejaculation

Frequency

https://www.sciencedirect.com/science/article/pii/

S0302283816300720?via=ihub#bib0060

New Insights into Ejaculatory Frequency and Prostate Cancer

Risk: Association, Causation, or What Do We Have to Lose?

Frequency of Ejaculation and Risk of Prostate Cancer | JAMA

https://jamanetwork.com/journals/jama/article-

abstract/199111

Sexual activity and the risk of prostate cancer: Review article

https://pubmed.ncbi.nlm.nih.gov/26428643/

Meta-analysis of measures of sexual activity and prostate

cancer

https://pubmed.ncbi.nlm.nih.gov/11805589/

Sexual activity and prostate cancer risk in men diagnosed at a

younger age

https://pubmed.ncbi.nlm.nih.gov/19016689/

Ejaculation frequency and subsequent risk of prostate cancer

https://pubmed.ncbi.nlm.nih.gov/15069045/

RE: Ejaculation frequency and subsequent risk of prostate cancer

https://www.sciencedirect.com/science/article/pii/S0302283816302524?via%3Dihub

https://www.sciencedirect.com/science/article/pii/S0302283816301403?via%3Dihub

https://www.sciencedirect.com/science/article/pii/S0302283816302524?via%3Dihub#bib0030

https://www.sciencedirect.com/science/article/pii/S0302283816302639?via%3Dihub

https://www.sciencedirect.com/science/article/pii/S0302283818305992?via%3Dihub#bib0060

The role of sympathetic and parasympathetic nerve systems on the smooth muscle of rat seminal vesicles - experimental results and speculation for physiological implication on ejaculation

https://pubmed.ncbi.nlm.nih.gov/24166981/

Prostate cancer mortality among Catholic priests

https://pubmed.ncbi.nlm.nih.gov/7242091/

Morphology and functions of the human seminal vesicle

https://pubmed.ncbi.nlm.nih.gov/1642333/

HPA axis dysregulation in men with hypersexual disorder

https://pubmed.ncbi.nlm.nih.gov/26519779/

Prostate and Seminal Vesicles

https://www.sciencedirect.com/science/article/pii/

B9780323548007500489

Habitudes masturbatoires et dysfonctions sexuelles masculines - EM consulte

https://www.em-consulte.com/article/1094948/alertePM

Indian story on semen loss and related Dhat syndrome - PMC

https://www.ncbi.nlm.nih.gov/pmc/articles/PMC4279296/

Review of Animal Models of Prostate Cancer Bone Metastasis

https://www.mdpi.com/2306-7381/1/1/16/htm

Full article: The First Ejaculation: A Male Pubertal Milestone Comparable to Menarche?

https://www.tandfonline.com/doi/
full/10.1080/00224499.2018.1543643

The Suppression of Prolactin is required for the Treatment of Advanced Prostate Cancer - PMC
https://www.ncbi.nlm.nih.gov/pmc/articles/PMC6641560/

Otros estudios

Molecular Basis of the 'Anti-Aging' Effect of Spermidine and Other Natural Polyamines – A Mini-Review
https://www.karger.com/Article/Pdf/356748

SPOCD1 is an essential executor of piRNA-directed de novo DNA methylation - PMC
https://www.ncbi.nlm.nih.gov/pmc/articles/PMC7612247/

The formation of cerebrospinal fluid: nearly a hundred years of interpretations and misinterpretations
http://medlib.mef.hr/875/2/oreskovic_d_et_al_rep_875.pdf

Recent Studies on the Formation of Cerebrospinal Fluid - HAMMOCK - 1973 - Developmental Medicine & Child

Neurology - Wiley Online Library

https://onlinelibrary.wiley.com/doi/abs/10.1111/
j.1469-8749.1973.tb04938.x

Clinical features in 52 patients with COVID-19 who have increased leukocyte count: a retrospective analysis

https://www.ncbi.nlm.nih.gov/pmc/articles/PMC7351641/

Serology: overview

https://www.sciencedirect.com/science/article/pii/
B9780128000342003372

CHAPTER 29 - Metabolic Bone Disease

https://www.sciencedirect.com/science/article/pii/
B9781437703245000298

Chapter 7 - Wound Healing

https://www.sciencedirect.com/science/article/pii/
B9780323027526500122

Effect of Nelumbo nucifera Petals Extract on Antioxidant Activity and Sperm Quality in Charolais Cattle Sperm Induced by Mancozeb

https://pubmed.ncbi.nlm.nih.gov/35270108/

SPOCD1 - SPOC domain-containing protein 1 - Homo sapiens (Human) | UniProtKB | UniProt

https://www.uniprot.org/uniprotkb/Q6ZMY3/entry

Envejecimiento: causa, mecanismos y regulación | Revista Española de Geriatría y Gerontología

https://www.elsevier.es/es-revista-revista-espanola-geriatria-gerontologia-124-articulo-envejecimiento-causa-mecanismos-regulacion-13023383

Protective effects of Astragalin on spermatogenesis in streptozotocin-induced diabetes in male mice by improving antioxidant activity and inhibiting inflammation

https://www.researchgate.net/publication/330801045_Protective_effects_of_Astragalin_on_spermatogenesis_in_streptozotocin-induced_diabetes_in_male_mice_by_improving_antioxidant_activity_and_inhibiting_inflammation

High Leukocyte Count Is Associated With Peripheral Vascular Dysfunction in Individuals With Low Cardiovascular Risk - PMC

https://www.ncbi.nlm.nih.gov/pmc/articles/PMC3786362/

A new look at cerebrospinal fluid circulation

https://fluidsbarrierscns.biomedcentral.com/
articles/10.1186/2045-8118-11-10

The cerebrospinal fluid: regulator of neurogenesis, behavior, and beyond - PMC

https://www.ncbi.nlm.nih.gov/pmc/articles/PMC3856656/

Sexual activity alters the concentration of amino acids in the cerebrospinal fluid of male rats - ScienceDirect

https://www.sciencedirect.com/science/article/abs/
pii/0304394086905823

Analysis of Cerebrospinal Fluid in Brain Development Thesis Advisor: Christopher A. Walsh Author

https://static1.squarespace.com/
static/5aecbee0f7939289585b6fcd/
t/5b92a3ec352f53daeea30a43/1536336881090/Analysis+of
+Cerebrospinal+Fluid+in+Brain+Development.pdf

Fuentes secundarias (libros, blogs, etc.)

Libros

Atlas color de citología e histología (Wolfgang Kühne)

Sex, Time and Power (Leonard Shlain)

El cerebro y su forma de sanar (Norman Doidge)

Wired for Intimacy: How Pornography Hijacks the Male Brain (William M. Struthers)

Bown. D. *Encyclopaedia of Herbs and their Uses.* Dorling Kindersley, London. 1995 ISBN 0-7513-020-31

Medicinal Plants in the Republic of Korea World Health Organisation, Manila 1998 ISBN 92 9061 120 0

Prieto Gratacós, Ernesto (2020). *Sexo, drogas y longevidad.* Publicación independiente.

Peat, Raymond (1994). *Generative Energy.*

Bengtson, V. L., & Schaie, K. W. (Eds.). (1999). *Handbook of theories of aging.* Springer Publishing Company.

Robertson, Ian H. *The winner effect: the neuroscience of success and failure.* 1st U.S. ed, Thomas Dunne Books, 2012.

Robinson, Marnia, y Ph D. Douglas Wile. *Cupid's Poisoned Arrow:*

From Habit to Harmony in Sexual Relationships. North Atlantic Books, 2014.

Challies, Tim, y C. H. Spurgeon. *Sexual Detox: A Guide for Guys Who Are Sick of Porn*. Cruciform Press, 2010.

Edwards, Lawrence. *Awakening Kundalini: The Path to Radical Freedom*. Sounds True, 2013.

Feuerstein, Georg. *Sacred sexuality: the erotic spirit in the world's great religions*. Inner Traditions, 2003.

Fradd, Matt. *The porn myth: exposing the reality behind the fantasy of pornography*. Ignatius Press, 2017.

Lembke, Anna. *Dopamine nation: finding balance in the age of indulgence*. Dutton, 2021.

Ryan, Christopher. *Civilized to death: the price of progress*. Avid Reader Press, 2019.

Shapiro, Ben. *Porn Generation: How Social Liberalism Is Corrupting Our Future*. Regnery Publishing, Incorporated, An Eagle Publishing Company, 2013.

Rathus, Spencer A., et al. Human Sexuality in a World of Diversity. Fifth Canadian edition, Pearson, 2016.

Artículos periodísticos, entrevistas a expertos

Una elevada actividad sexual entre los 15 a los 25 años genera un "alto riesgo de cáncer de próstata", según un experto
https://www.europapress.es/ciencia/laboratorio/noticia-elevada-actividad-sexual-15-25-anos-genera-alto-riesgo-cancer-prostata-experto-20031014192824.html

Patologías de la próstata y salud sexual. Dr. Eduardo García Cruz
https://hbakkali.wordpress.com/2013/05/19/dr-eduardo-garcia-los-sintomas-urinarios-estan-muy-relacionados-con-los-problemas-sexuales/

BBC NEWS | Health | Sperm made from human bone marrow
http://news.bbc.co.uk/2/hi/health/6547675.stm

Sperm discovery reveals clue to genetic 'immortality' | The University of Edinburgh
https://www.ed.ac.uk/biology/news-events/news-2020/sperm-discovery-reveals-clue-to-genetic-immortalit

Descubren en el esperma la clave de la "inmortalidad" genética - INVDES https://invdes.com.mx/ciencia-ms/descubren-en-el-esperma-la-clave-de-la-inmortalidad-genetica/

Publicaciones online y páginas web

256+ Ways To Increase Dopamine Naturally (Supplements And Genetics) — MyBioHack | Unlock Your Maximus Potential
https://mybiohack.com/blog/all-ways-increase-dopamine-naturally

Porn, Addiction, and the Brain: 3 Misunderstandings Corrected by a Neurosurgeon
https://fightthenewdrug.org/3-lies-most-people-believe-about-porn-and-the-brain/

Monks' diets strike the right balance
http://www.chinadaily.com.cn/lifestyle/2008-01/09/content_6381925.htm

Wet Dream Frequency | Mens Health Handbook
https://www.menshealthhandbook.org/wet-dream-frequency

Vive rápido, muere joven: Matemáticas en Biología del Envejecimiento (Ingeborg van Leeuwen) https://dialnet.unirioja.es/servlet/articulo?codigo=2280255

The Neuroscience Of Orgasm Without Ejaculation
https://tantricacademy.com/neuroscience-of-orgasm-without-ejaculation/

Blue balls (epididymal hypertension): Myths and facts
https://www.medicalnewstoday.com/articles/324870#myths

How long does it take for sperm to regenerate? Development time
https://www.medicalnewstoday.com/articles/325906

Sperm Transport - an overview | ScienceDirect Topics
https://www.sciencedirect.com/topics/agricultural-and-biological-sciences/sperm-transport

Semen Facts | Semen Meaning & Information | The Mix
https://www.themix.org.uk/your-body/mens-health/semen-facts-7278.html

Marriage and Morals in Islam
https://www.al-islam.org/marriage-and-morals-islam-sayyid-muhammad-rizvi

NoFap.com

https://forum.nofap.com/index.php

New Findings on Sperm Life Cycle Could Impact Fertility Treatments | UC San Francisco
https://www.ucsf.edu/news/2006/03/101730/new-findings-sperm-life-cycle-could-impact-fertility-treatments

Vitamin E: Anti-Prolactin, Anti-Estrogen, Progesterone-Sparing – LifeBlud
https://lifeblud.co/blogs/research/vitamin-e-anti-prolactin-anti-estrogen-progesterone-sparing

www.ingramcontent.com/pod-product-compliance
Lightning Source LLC
Chambersburg PA
CBHW071302140726
47996CB00005B/1598